Dominik Bartels

Blättersammlung

W0172120

Blaulicht-Verlag

Bibliografische Information der Deutschen Bibliothek
Die Deutsche Bibliothek verzeichnet diese Publikation in der Deutschen Nationalbibliografie; detaillierte Informationen sind im Internet über http://dnb.ddb.de abrufbar.

© 2014 Blaulicht-Verlag, Helmstedt
Alle Rechte vorbehalten.
Covergestaltung: Simon Höfer
Lektorat: Maria Frommhold
Illustrationen: Patrick Schmitz

ISBN: 978-3-941552-29-6

Printed in Germany

www.blaulicht-verlag.com

Danke an:

Nicole Bartels, Henning Chadde, Christian Friedrich Sölter, Tobi Kunze, Maria Frommhold, Simon Höfer, Theresa Hahl, Micha-El Goehre, Wolf Hogekamp, Patrick Salmen, Björn Högsdal sowie Patrick Schmitz für all eure Inspiration, Mitarbeit und Unterstützung.

Danke auch an:

die gesamte Poetry Slam-Szene, die Lesebühnen, die zahlreichen Veranstalter, Organisatoren und Institutionen, das Team des Street Poetry Abends in Helmstedt und natürlich an euch, liebe Leserinnen und Leser.

Dieses Buch ist all jenen gewidmet, die mir durch ihre liebenswerten Eigenheiten und Macken immer wieder Stoff für neue Geschichten geliefert haben.

Inhalt

Skatblatt

Wischblatt

Amtsblatt

Blattschuss

Ziffernblatt

Herzblatt

Blattsalat

Extrablatt

Skatblatt

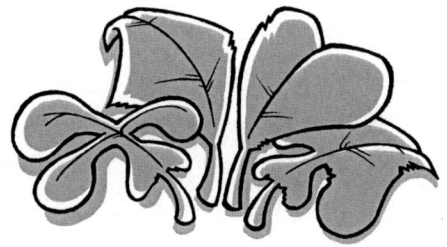

Wissenschaftliche Studien haben herausgefunden, dass ...

„Hey, hast du das gelesen?", fragte ich Pommes Peter und tippte wie wild auf einen Artikel in der Zeitung.

„Nä, ich lese doch nicht, weißte doch."

„Woher soll ich das denn wissen, du redest doch auch nicht viel", sagte ich zu Pommes Peter und grinste ihn an.

„Das liegt einfach daran, dass ich nicht gleichzeitig biertrinken und sprechen kann. Frauen können das vielleicht. Ich bin aber nicht multiplexfähig oder wie das heißt. Ich kann mich nur auf eine einzige Sache konzentrieren und da liegt meine Priorität nun mal beim Biertrinken. Außerdem erzählst du mir doch sowieso gleich wieder lang und breit, was da in der Zeitung steht."

„Das mag ja alles sein, mein Freund, aber findest du es nicht auch erstrebenswert, ein belesener Mensch zu sein?", hakte ich nochmal nach.

„Weißt du, ich strebe einzig und allein an, ein betrunkener Mensch zu sein", meinte Pommes Peter mit gleichgültiger Miene und bestellte per gekonnten Augenaufschlag sein nächstes Bier an der Theke.

„Also, hier steht, dass in Deutschland pro Kopf etwa 8,9 Bücher im Jahr gelesen werden. Umgerechnet sind das ca. alle 6 Wochen ein Buch. Findest du das eher wenig oder doch ziemlich viel?"

Pommes Peter glotzte mich über den Rand des Bierglases hinweg an. Das tat er immer, wenn er zu einer bahnbrechenden Erkenntnis gekommen war.

„Ich finde, das ist vor allem eine schwachsinnige Statistik! Wer hat denn kontrolliert, ob diese 8,9 Bücher tatsächlich gelesen worden sind. Mussten die Leute Fragen zum Inhalt beantworten oder was? Das Einzige, was man vielleicht und auch nur eventuell sagen könnte, wäre, dass der Deutsche durchschnittlich 8,9 Bücher pro Jahr kauft. Was er damit macht, weiß keine Sau und interessiert doch auch niemanden. Die Verlage freuen sich, dass die Verkaufszahlen passen, die Buchhandlungen freuen sich, weil der Umsatz steigt, die Autoren freuen sich, weil sie glauben, die Leute mögen ihre Geschichte, die Käufer freuen sich, weil sie sich nach einem Buchkauf für intellektuell halten können, IKEA freut sich, weil die Deutschen jetzt noch mehr Billy-Regale kaufen müssen, die Flohmarkthändler freuen sich, weil so der Nachschub an Gebrauchtbüchern für 1 Euro gesichert ist und ganz am Ende freuen sich dann noch diese hirnverbrannten Statistiker, die in einer 100.000-Euro-Studie herausfinden, dass der Deutsche 8,9 Bücher pro Jahr liest. Komma 9!!! Was für ein unglaublicher Schwachsinn! Wie muss man sich das vorstellen? Hat da einer 8 Bücher gelesen und beim 9. sagt er sich: Ach nee, die letzten 20 Seiten lese ich jetzt nicht mehr. Versaut doch komplett den Durchschnitt. Und werden auf dem Flohmarkt Jahrespakete für den Durchschnittsdeutschen angeboten? Hier Leute, 8 Bücher für 8 Euro und so ein 0,9 Buch gibt es gratis mit oben drauf. Was soll dieser ganze Firlefanz mit diesen Durchschnittswerten? Mich regt das komplett auf! Das durchschnittliche deutsche Paar hat 2,3 Mal pro Woche Sex. Was bedeutet das konkret? 2 Mal richtig und einmal nur Petting oder nur knutschen oder was? Was ist 0,3 Mal Sex? Und wer zum Geier rechnet diesen Schwachsinn aus? Der Durchschnittsdeutsche! Der Durchschnittsdeutsche scheißt täglich einen 219 Gramm schweren Haufen ins Klo. Ja, das hast Du nicht gewusst, was? Ist aber eine statistische Tatsache. Genauso wie der Umstand, dass der deutsche Mann 4 Minuten länger im Bad braucht als die Frau. Und das, obwohl sich 41 % aller Damen intim rasieren. Sollen wir uns etwa am Durchschnitt orientieren oder ihm nacheifern? Im Schnitt haben wir dann 12,4 Handtücher zu Hause, 1,8 Fernseher sowie 2,1 Handys und produzieren in unserem beschissenen Leben ganze 1,6 Tonnen Elektroschrott. Wir wiegen alle 75,8 Kilogramm und essen 3,7 Äpfel pro Woche. Wir putzen 0,8 Mal am Tag die Zähne (wechseln aber nur 2 Mal im Jahr die Zahnbürste) und stehen 4,6 Mal die Woche unter der Dusche. Wir heiraten 0,6 Mal in unserem Leben, lassen uns aber komischerweise 1,2 Mal scheiden. Wir haben 1,3 Kinder und sind zu 7,6 % schwul. Außerdem hat der Deutsche durchschnittlich 0,15 Hunde zu Hause. 0,15 Hunde! Und weißt du was, mein Lieber?

Jeder von uns trinkt pro Jahr zwar 112,5 Liter Bier, aber eben auch 146 Liter Kaffee. Und dieses komische Verhältnis zu ändern, daran arbeite ich unermüdlich. Wenn du dir das vor Augen hältst, wird dir vielleicht klar, dass ich keine Zeit für 8,9 Bücher im Jahr habe. Ich muss Bier trinken, viel Bier, damit wir in der Welt wieder ernst genommen werden. Wir sind nach den USA und Brasilien der drittgrößte Kaffeemarkt. Das muss man sich mal vorstellen! Das gesamte Ausland lacht über uns. England, Russland … Bayern – da haben wir keine Ehrfurcht mehr zu erwarten. Im Gegenteil. Die Iren, diese rothaarigen Insulaner, die saufen nicht nur weniger Kaffee und mehr Bier als wir, nein, die stecken uns auch beim Bücherlesen locker in die Tasche!"

Völlig perplex starrte ich Pommes Peter an, nicht weil mich seine Ausführungen irritiert hätten, sondern vielmehr ob der Tatsache, dass er noch nie im letzten Jahrzehnt derart viel auf einmal geredet hatte. Und genau in diesem Moment fasse ich einen Entschluss.

Ich bestellte zwei große Bier. Wir nicken uns zu, lesen die letzten 20 Seiten von Günter Grass unveröffentlichtem Bestseller „Wie ich einmal Israel disste, Alter ey!" und beginnen damit, die Statistik unseres Landes etwas aufzubessern.

Arbeit ist der Fluch
der trinkenden Klasse

„Hey, Moment mal, wo ist eigentlich Pommes Peter?" Der einarmige Jochen legte die restlichen Spielkarten auf den Tisch und schaute fragend in die Runde. Weder ihm noch mir und der welken Elke war das Fehlen unseres vierten Mitspielers aufgefallen. Unsere tägliche Skatrunde im „Goldenen Anker" fand etwa seit dem Ende des zweiten Weltkriegs statt. Also nicht tatsächlich, aber gefühlt. Und noch nie, noch kein einziges Mal hatte Pommes Peter nicht auf seinem Stammplatz unterhalb der Dartscheibe gesessen. Es war vielmehr so, dass er als lebendes Inventar der Kneipe galt. Pommes Peters Anwesenheit war schlichtweg so selbstverständlich wie das Vorhandensein der Speisekarte. Die hing im „Goldenen Anker" über der Theke und pries drei Spezialitäten des Hauses an. Pommes rot/weiß, Bockwurst mit Brötchen und das Dritte habe ich schon wieder vergessen. Na jedenfalls hing diese Speisekarte genauso unbemerkt an ihrem Platz wie Pommes Peter unter der Dartscheibe zu sitzen pflegte. Nur heute fehlte er. „Vielleicht ist er krank oder tot?", mutmaßte die welke Elke.

„Quatsch", antwortete ich, „dann wäre er doch hier! Nee, nee, es muss etwas Ernsteres sein."

„Wo wohnt er eigentlich?", fragte Jochen, während er sich einarmig aus der Jacke schälte.

Elke und ich schauten blöd zur Decke, als würde dort die Adresse unseres Mitspielers stehen. Solche dämlichen Fragen stellte Jochen ständig. Und immer schauten dann alle zur Decke und hofften, dass irgendjemand die Antwort wusste. Das kam aber eigentlich nie vor. Der einarmige Jochen ließ aber üblicherweise nicht locker und meist wurde dann irgendwann jemand so wütend, dass er sich mit Jochen hauen wollte. Da aber niemand einen Behinderten verkloppen mochte, kam der einarmige Jochen meist mit einer blutigen Nase davon. Heute rettete jedoch Pommes Peter die Situation, indem er zur Tür hereinkam, sich setzte, mit einer lässigen Handbewegung seine Spielkarten einforderte und dann erklärte:

„Entschuldigung Leute, aber ich musste heute länger arbeiten."

Dies wäre in anderen Situationen und aus anderer Leute Münder eine ganz normale Erklärung gewesen. Pommes Peter aber war so etwas wie der letzte wirkliche Punk unserer Kleinstadt. Nur ohne bunte Haare und Hund. Und ohne diese 3-Akkord-Musik. Aber sonst war er Punkrock. Pommes Peter hatte noch nie in seinem Leben gearbeitet, schon gar nicht für Geld. Er vernichtete jeden Tag Unmengen von Alkohol und trank sehr viel Bier. Ansonsten machte er eigentlich nichts. Ab und zu hasste er den Staat und die spießige Gesellschaft. Das tat er dann aber eher passiv. Hält man sich das vor Augen, kann man sich vielleicht ansatzweise vorstellen, welche Stille plötzlich im „Goldenen Anker" herrschte. Alle starrten Pommes Peter an und warteten auf eine Äußerung, die dieses unfassbare Ereignis zu erklären vermochte.

Pommes Peter schaute uns ernsthaft an und sagte:

„Achtzehn!"

Der einarmige Jochen ballte seine verbliebene Faust und haute auf den Tisch.

„Nichts da, mein Lieber! Hier wird nicht einfach zur Tagesordnung übergegangen. Was soll das denn heißen, dass du heute länger arbeiten musstest. Jeder hier weiß, dass du noch nie in deinem Leben irgendeinen Job hattest. Du verabscheust jede Form der Arbeit. Also was soll der Scheiß? Raus mit der Sprache!"

Die welke Elke und ich schauten sofort zur Decke. Pommes Peter schnaubte hörbar und für einen kurzen Moment malte ich mir aus, wie Jochen ganz ohne Arme aussah. Doch es passierte nichts. Pommes Peter erklärte stattdessen:

„Also im Grunde ist das auch keine richtige Arbeit. Ich mache nichts anderes als sowieso. Nur an einem anderen Ort. Verstehst du?"

„Wovon redest du, Mann?", fragte Jochen. „Was soll das bedeuten: Du tust nichts anderes als sowieso?

Sonst säufst du Bier im ‚Goldenen Anker‘ und bewegst dich höchstens mal zum Klo."

„Ja eben! Und genau das mache ich jetzt auch. Nur woanders und für Geld."

Jochen wurde wütend, das merkte man daran, dass sich seine Stimme etwas überschlug.

„Willst du uns verarschen, oder was? Wer bitteschön bezahlt dich denn dafür, dass du herumsitzt, Bier säufst und ab und zu aufs Klo rennst?"

Pommes Peter grinste breit.

„Das Fernsehen! Ich bin da jetzt als Statiker … ähm Statistiker … oder was weiß ich wie das heißt engagiert. Es gibt 50 Euro pro Tag und Freibier satt. Der Typ, der mich angequatscht hat, meinte, ich wäre ideal für die Kneipenszenen in seiner Serie. Aber ich sage dir, das Ganze ist verdammt anstrengend."

Die welke Elke lachte laut los, stieß Pommes Peter in die Seite und fragte:

„Was soll denn daran anstrengend sein? Rumsitzen, Bier trinken und einen Stammgast mimen."

„Ja nun", antwortete Pommes Peter, „die ganze Kneipe ist nur so eine Kulisse. Alles Pappmaché. Das hat absolut keine Atmosphäre. Und dann laufen da Dutzende Leute herum, die Kabel, Lampen und Kameras durch die Gegend zerren. Es werden Anweisungen herumgebrüllt und ständig kommen solche Tussis um die Ecke und pudern einem das Gesicht. Man kann sein Bier überhaupt nicht in Ruhe genießen. Außerdem ist das nur so eine billige Scheiße, die überhaupt nicht schmeckt. Und sagen darf man auch nichts. Ich meine, in einer Kneipe unterhält man sich doch mal. Das hat mich alles völlig fertig gemacht. Ich glaube nicht, dass ich den Job noch lange machen kann. Das zerrt einfach an den Nerven. Auf Dauer ist das nichts. Rechtzeitig den Absprung zu schaffen, das ist das ganze Geheimnis. Ich lasse mich jedenfalls nicht verheizen. Noch länger und ich werde ernsthaft krank. Das sind einfach voll die Belastungen, wisst ihr. So etwas kann ganz schnell chronisch werden und dann ist der Ofen aber sowas von aus. Ich halte das jetzt schon kaum noch durch. Na ja, aber jetzt habe ich den ersten Tag endlich geschafft und freue mich auf den Feierabend. Morgen lasse ich mich krankschreiben und bin wieder pünktlich hier. Prost!"

Gut, einfach erschießen wäre aber auch eine Möglichkeit

„Integrieren sollen die sich, diese Schweinebande, endlich integrieren, hörst du?"

Pommes Peter schaut mich über den Rand seines Bierglases hinweg an und nickt etwa ein Dutzend Mal, bevor er sehr, sehr langsam den Mund aufmacht und fragt:

„Wer jetzt?"

Ich schlage mit der Faust so laut auf den versifften Stammtisch, dass sich die wenigen Gäste im „Goldenen Anker" zu uns umdrehen. Dann erhebe ich mich ächzend und verkünde durch die das beschissene Rauchverbot ignorierenden Nikotinschwaden hindurch:

„Na, wer wohl, diese scheiß Politiker! Diese ganzen Bundes- und Landtagsgurken, dieses aalglatte Stimmvieh, diese von der Wirtschaftslobby bezahlten Gesetzgebungshuren…diese Parlament-Arier sollen sich endlich integrieren. Schluss mit den Parallelgesellschaften in Berlin und anderen Landeshauptstädten!"

Pommes Peter, Katsche, Heini, die welke Elke und der einarmige Jochen murmeln irgendwelche zustimmenden Laute vor sich hin. Ich nehme einen langen Schluck Bier und setze sodann zu einer argumentativen Untermauerung meiner Forderung an:

„Der Begriff Integration bedeutet in der Soziologie die Ausbildung einer Wertgemeinsamkeit mit einem Einbezug von Gruppierungen, die andere Werte vertreten und in Sondergemeinschaften zusammengefasst sind.

Sondergemeinschaften mit anderen Werten, versteht ihr? Schaut euch doch mal dieses Abgeordnetenpack genauer an. Ich meine, die grenzen sich ganz bewusst aus, die wollen mit uns als Gesellschaft doch überhaupt nichts zu tun haben. Das fängt schon damit an, dass ihre Kinder spezielle Bildungseinrichtungen besuchen, damit sie mit dem gemeinen deutschen Schüler nicht in Berührung kommen. In ihren Internaten und Elite-Kindergärten lernen sie dann unter ihresgleichen, wie man das liberale Rechtssystem in Deutschland möglichst effektiv für die eigenen Zwecke ausnutzt. Einen Beruf erlernen nur die wenigsten. Brauchen sie auch nicht, von denen geht später ja sowieso keiner arbeiten, die hängen den ganzen Tag nur vor irgendwelchen Buffets ab und leben ausschließlich von staatlichen Transferleistungen wie Diäten und Pensionen oder schlagen sich mit krummen Geschäften durch, indem sie Steuervorteile an Aktiengesellschaften, Hedge-Fonds oder Investoren verticken oder illegale Parteispenden verschwinden lassen. Die quatschen ja auch so komisch, in einer ganz fremden Sprache. Sowas in der Art von:

‚Verehrte Mitbürgerinnen und Mitbürger, bevor ich auf die eigentliche Fragestellung eingehe, die in ihrer Komplexität nicht mit zwei oder drei Sätzen zufriedenstellend beantwortet werden kann, lassen Sie mich zunächst ein bis zweihundert unbedeutende Worte darüber verlieren, dass sich die Bundesregierung, die in den letzten Monaten mit Mut und Tatkraft wichtige Entscheidungen vorangetrieben hat, sich dieser Aufgabe zu stellen gedenkt und zwar in einer Weise, das, meine Damen und Herren der Opposition, werden auch Sie nicht ernsthaft bestreiten wollen, deshalb sind Ihre Unterstellungen bezüglich der gesamtdeutschen Zu-, Ab- und Bergwanderungsbewegungen eine infame, ja das muss hier auch einmal deutlich gesagt werden, schließlich sind wir in der Krise gehalten, den Menschen in diesem Land, mit einfachen und verständlichen Worten mitzuteilen, wie wir das Boot zu steuern gedenken, das seit der letzten schwarz-rot-gelb-grünen Regierungszeit, aber lassen wir uns vom Ballast des Vergangenen befreien, der Blick muss gen Zukunft gerichtet werden, denn hinterm Horizont geht's weiter, es gilt nunmehr, die geeigneten Lösungen und Strategien zu suchen, um sie dann kaputt zu diskutieren. In diesem

Sinne freue ich mich, Sie auf unserer Seite zu wissen. Gemeinsam werden wir scheitern, zum Wohle aller. Ich danke mir und Ihnen auch.'

Ehrlich Leute, da bist du als Deutscher raus. Das sind irgendwelche Codes und Slang-Begriffe. Die nutzt dieses Schmarotzer-Pack genauso gern als Erkennungszeichen wie ihre arschteuren Klamotten und Autos. Immer schön mit Armani-Anzug und fettem schwarzen Mercedes in der Gegend herumlungern. Aber kaum sind Journalisten in der Nähe, bauen sie sich vor den Kameras auf und machen einen auf dicke Hose. Da entwickeln sie dann eine unglaubliche Betriebsamkeit, umarmen jeden und tun ganz weltoffen bis tolerant. Mich wundert immer nur, dass man die Frauen der Politiker nie zu Gesicht bekommt. Die werden wahrscheinlich zu Hause eingesperrt, müssen die Fresse halten und sich um Haushalt und Kinder kümmern. Oder hat schon mal jemand die Alte von Schäuble, Koch oder Sarrazin gesehen? Na? Die sitzen wahrscheinlich zu Hause in den riesigen Villen, in diesen abgeschotteten Vierteln, diesen no go-areas und warten ... warten auf ihre Männer, die sich bis spät in die Nacht mit Prostituierten, Lobbyisten und afrikanischen Staatspräsidenten die Kante geben.
Nein, Integration wollen die doch gar nicht, die verweigern sich praktisch. Und kaum kritisiert das mal

jemand, fühlen sie sich auch immer gleich von uns benachteiligt, diskriminiert und gehasst. Da wirst du ruckzuck als politikverdrossen abgestempelt oder als Radikaler, der die Demokratie nicht begriffen hat.

Wisst ihr, wenn die nicht wollen, ja, dann muss man die eben zwingen, sich zu integrieren. Dann müssen wir dieser Frau von der Leyen mit ihren sieben Blagen mal die Tagesmutter streichen und sie in eine 2-Raum-Plattenwohnung nach Berlin Marzahn umsiedeln. Oder dem Herrn von und zu Guttenberg mal eine Stunde Anatomie spendieren: ‚Schau mal Karl-Theodor, das ist ein Gehirn! Wenn man das benutzt, dann hat man eigene Gedanken und Ideen und die darf man dann benutzen, ganz ohne das Kennzeichnen zu müssen. Probiere das mal aus, das funktioniert tatsächlich.' Dem Außenminister Westerwelle würde ich gern persönlich etwas mit auf den Weg geben. Lieber Guido, es ist völlig okay, dass du schwul bist! Ehrlich, aber weißt du, deshalb musst du deinen Freunden aus der Wirtschaft nicht gleich alles in den Arsch stecken! Fördern und Fordern heißt das Zauberprogramm. Sprachkurse anbieten, Ausbildungsplätze auch für ältere Politiker, die sogenannten Aspiranten der 1. Generation schaffen, KiK-Mode als Dienstkleidung ausgeben, die Ehefrauen an die frische Luft holen, statt Buffets Essensgutscheine für Aldi, Penny und Lidl verteilen, statt Dienstwagen mit Chauffeur ein paar neue Schuhe von Deichmann, statt kostenlosen Prostituierten und lässigen Fernsehauftritten in Talk Shows, mal wieder Sex mit der eigenen Frau und ein freiwilliges soziales Jahr in Afghanistan, statt teurer Empfänge und Staatsbesuche, einfach mal mit Grundschulkindern ein Eis essen gehen, statt die Gesellschaft für dumm und einfältig zu halten, einfach mal wieder in den Spiegel schauen."

Pommes Peter glotzt mich durch sein leeres Glas hindurch an und meint: „Gut, einfach erschießen wäre aber auch eine Möglichkeit."

Mit System

Steffen war an allem schuld. Und seine eigene Schwäche für völlig sonderbare Ideen. Seit zwei Stunden saß er vor diesem Apparat. In einem Zimmer, das früher mal Kellerraum war und jetzt als Trainingsstätte diente. Zwei Stunden, dachte er, was war das schon, verglichen mit den Monaten, die er bereits in dieses System investiert hatte. Draußen drehte sich die Welt und hier drinnen die Walzen.

Das menschliche Auge, hatte Steffen gesagt, ist träge. Genau diese Trägheit nutzt der Automat aus. Die Walzen mit den Sonnen und Zahlen bewegen sich in einer Geschwindigkeit, die von uns nur deshalb nicht zu beherrschen ist, weil wir nicht darauf trainiert sind. Wenn man seine Augen in langer Übung an das Tempo der Walzen gewöhnen würde, dann könnte man jeden Spielautomaten auf der Welt knacken.

Im ersten Augenblick hatte er Steffen ausgelacht. Aber als er das Ganze aus wissenschaftlicher Sicht betrachtete, ergab die Theorie seines Freundes durchaus einen Sinn. Er las in den Tagen danach zahlreiche Studien und Aufsätze, die sich mit der natürlichen Trägheit des menschlichen Auges und der sich daraus ergebenden verminderten Reaktionsschnelligkeit beschäftigten. Alle kamen zu einem gemeinsamen Fazit: regelmäßiges Training steigert die Reaktionsschnelligkeit. Einige Experten waren sich sogar einig, dass man das Auge an schnellere Bewegungsabläufe gewöhnen könnte, wenn diese nur stetig und über einen längeren Zeitraum in den Tagesablauf integriert werden würden.

Er hatte zunächst gar nicht vor, diese verrückte Idee in die Tat umzusetzen. Es war auch letztlich nicht das Geld, das ihn reizte. Die Spielautomaten zu beherrschen, den Zufall auszuschalten, das Glück beherrschbar zu machen, das waren die eigentlichen Gründe und das waren auch jetzt noch die Katalysatoren für seinen Ehrgeiz.

Im Internet kaufte er sich einen gebrauchten Spielautomaten. Er baute ihn um, damit er die Geschwindigkeiten der Walzen verändern konnte. Anfangs funktionierte es überhaupt nicht. Doch er trainierte verbissen weiter und wurde immer sicherer. Den Fokus auf die Walzen gerichtet, wartete er auf den richtigen Moment, um die Stop-Taste zu drücken. Immer öfter traf er die Sonne. Immer häufiger räumte er die 100 Sonderspiele ab.

Nach einem halben Jahr hatte er das Tempo der Walzen auf das Normalniveau eingestellt. Er erwarb einen zweiten Spielautomaten, um die unterschiedlichen Reaktionszeiten der Automaten kennenzulernen und auszugleichen. Weitere drei Monate später bemerkte er zum ersten Mal so etwas wie eine Sicherheit beim Spielen. Er gewann nicht immer, aber seine Trefferquote war überdurchschnittlich hoch.

Wenn er die Sonnen in eine Reihe gebracht hatte, machte sich Genugtuung breit. Er lächelte still in sich hinein, genoss den süßen Geschmack des Triumphs. Beim Sport, in der Schule, an der Gitarre – überall war er nur Mittelmaß. Sein ganzes bisheriges Leben war durchschnittlich. Es gab weder richtige Tiefen noch erwähnenswerte Höhen. Müsste er seine Jugend mit einer Farbe beschreiben, würde er Grau wählen. Nicht, dass er sehr darunter gelitten hätte, aber Bedeutungslosigkeit war nicht gerade der Treibstoff für einen rasanten Lebenslauf.

Taste. Stop - Sonne. Stop - Sonne.

Wie in einem Rausch spielte er Stunde um Stunde in seinem kleinen Kellerraum, der längst zum Lebensmittelpunkt geworden war. Nikolaus Kopernikus hatte Recht behalten. Seine Welt drehte sich im wahrsten Sinne des Wortes um die Sonne. Das kleine gelbe Symbol lächelte ihn an, zwinkerte ihm zu, forderte immer neue Aufmerksamkeit. Den Vorlesungen an der Universität war er bereits seit einigen Wochen fern geblieben, genauso wie dem Bett von Sophie. Sie hatten sich heftig gestritten. Unschöne Dinge wurden gesagt, unsinnige Vorwürfe gemacht. Er hätte sich verändert, behauptete sie immer wieder in einem Tonfall, der ihn nur noch nervte. Schon während sie noch auf ihn einredete, fieberte er der Zeit an den Automaten entgegen.

Wie besessen starrte er auf die rotierenden Walzen.

Taste. Stop - Sonne. Stop - Zahl.

Er spürte diese ungezügelte, hemmungslose Wut in sich aufsteigen. Immer dann, wenn die Sonnen sich von ihm abgewandt hatten. Er war nie ein besonders gewalttätiger Mensch gewesen, aber in jenen Augenblicken hätte er der Nachbarskatze gern den Kopf abgeschlagen, oder seinem ehemaligen Sportlehrer mit voller Wucht die Schuhspitze in den Magen gerammt. Ziemlich sicher würde er auch Sophie einfach die Nase brechen, um sich abzureagieren. Sophie. Sie war nicht mehr da. Niemand war bei ihm. Wohin sollte er seine aufgestaute Aggression lenken, wenn er allein in seinem winzigen Kellerraum saß? Langsam und mit viel Druck presste er die Fäuste gegeneinander. Es dauerte manchmal fast eine Minute, bis er zitterte und sich eine gewisse Entspannung einstellte. Er hasste solche Momente und doch hörte er nicht auf.

Taste. Stop - Sonne. Stop - Sonne.

Nach knapp einem Jahr fühlte er die Zeit gekommen. Seine Trefferquote lag mittlerweile bei fast siebzig Prozent. Die Spielhalle hatte er schon vor einiger Zeit ausgewählt. Keine winzige, schummrige Bude, aber auch kein Hochglanzpalast. Das „Playhouse" lag in

einer Seitenstraße zwischen den beiden großen Fuß-
gängerzonen der Stadt. Von außen waren einzig die
überdimensionierten, mit bunten Folien blickdicht
verklebten Glasfronten zu sehen.

Als er die Spielhalle betrat, umfing ihn eine ange-
nehme Kühle. Das Licht war gedimmt. Hinter einem
wuchtigen Tresen saß eine gepflegte Frau im Glas-
kasten und musterte ihn neugierig. Er beachtete sie
nicht weiter. Seine rechte Hand umklammerte die
Geldscheine in der Hosentasche. Ein Limit hatte er
sich nicht gesetzt. Wozu auch? Er war schließlich
hier, um zu gewinnen.

Die wenigen Typen, die vor den Automaten saßen,
kümmerten sich nicht weiter um ihn. Ihre Augen
starrten auf die blinkenden Tasten und leuchtenden
Anzeigen. Die meisten Spieler rauchten und tranken
Kaffee, den es hier kostenlos gab und der auch so
schmeckte. Er suchte nach seinen Sonnen und fand
sie in einer Ecke des Raumes, die etwas vernachläs-
sigt wirkte. Die riesige Plastikpalme neben dem alten
Rippenheizkörper leistete den Spielautomaten Gesellschaft. Sie standen aufgereiht wie Zinnsoldaten
an der Wand und versuchten mit nervigen Melodie-
folgen die Aufmerksamkeit der Spieler zu erregen.
Seine Sonnen lächelten ihn vertraut an.

Zehn Euro würde er für den Anfang investieren. Um
warm zu werden und sich an die Umgebung zu gewöhnen. Er stellte schnell fest, dass die Atmosphäre
in der Spielhalle seine Konzentration erheblich beein-

flusste. Neben ihm flackerte ein Automat wie eine defekte Neonröhre. Es war viel schwieriger, sich in dieser Situation auf die Rotation der Walzen zu fokussieren, als er gedacht hatte. Immer wieder wurde er abgelenkt. Ein aufleuchtendes Feuerzeug, eine schlagende Tür, ein klingelndes Telefon, das leise Fluchen eines Mannes, der gerade seine letzten fünf Euro verspielt hatte.

Er landete zwar den einen oder anderen Treffer, konnte aber nicht ausschließen, dass es sich dabei um Zufälle handelte. Er hasste Zufälle. Seine Sonnen kamen nicht zufällig, sondern weil er es so wollte. Nachdem er dreißig Euro verspielt hatte, ging er auf die Toilette, auch um sich etwas zu beruhigen. Als er zurückkam, füllte sich die Spielhalle mit einer Horde junger Männer, die mit albernen Hüten und Shirts bekleidet waren. Einer trug ein Schild vor sich her, auf dem „Junggesellenabschied – ein letztes Mal Spaß und Alkohol" stand. Sie waren offensichtlich angetrunken und bestückten alle noch freien Spielautomaten mit zahlreichen Münzen. Auch seine Sonnen wurden Opfer dieser Spaßgesellschaft. Er hasste sie. Diese aufgesetzte und organisierte Fröhlichkeit. Diese aufdringliche Lautstärke, mit der sie den gesamten Raum füllten. Natürlich hätte er einfach gehen können, nur was wurde dann aus seinem Gewinn? Er spürte mit jeder Faser seines Körpers, dass die Sonnen nur darauf warteten, dass er sie endlich vereinigen würde. Alle in einer Reihe. Die Magie des

Gleichklangs aller Stoffe, wie er diesen einen Augenblick nannte, wenn die kleinen gelben Himmelskörper ihm gemeinsam ihr Lächeln schenkten. Im Moment strahlten aber nur die Teilnehmer dieser infantilen Männerhorde. Auf den angebotenen Kaffee verzichteten sie dankend, flirteten aber trotzdem mit der Spielhallenaufsicht, so dass diese nicht weiter einschritt, als ein paar Bier die Runde machten. Niemand der Beteiligten kümmerte sich um die Spielautomaten. Sie ließen die Maschinen unbeachtet das Geld verzehren. Er saß in der entlegensten Ecke und wartete ungeduldig darauf, dass die lächerliche Junggesellenabschiedsrunde endlich weiterzog. Dabei fixierte er genau seinen Automaten und die Anzeige des Restguthabens. Noch genau vier Spiele musste er seine innere Erregung unterdrücken. Es fiel ihm schwer, aber das Ende war nah.

Mitten in das hysterische Lachen der einzigen Frau im Raum ertönte eine Fanfare und ein einzelner Automat blinkte noch heftiger als ohnehin schon. Für einen kurzen Moment war es vollkommen still. Sein Blut pulsierte wild pochend durch die Adern. Nein. Unmöglich. Es konnte nicht sein, was nach seinem System unmöglich war. Doch die Sonnen lächelten und strahlten der bierseligen Runde entgegen. Jackpot. Das Wort flimmerte über den Köpfen, lachte ihn höhnisch aus. Er spürte eine unglaubliche Leere in sich aufsteigen. Alles wurde wieder grau. Und durchschnittlich.

Sie hatten seinen Automaten geknackt. Einfach so. Ohne jedes System. Ohne jede Anstrengung. Ohne jede Aufmerksamkeit. Sie hatten einfach nur Glück. Der Zufall hatte gewartet, bis er auf Toilette war und sich dann über ihn lustig gemacht. Mit grausamer Gleichgültigkeit stieß er ihn zurück in die Masse der Glücksritter und Hasardeure.

Er zog sich seine Jacke über und ging hinaus in die sommerliche Schwüle der Stadt. Zu Hause angekommen, startete er die Walzen.

Taste. Stop - Sonne. Stop - Sonne.

Jackpot.

Langsam stand er auf, zog den Stecker und schloss ein letztes Mal die Kellertür hinter sich.

Pirna

Es war wie immer. Jeden Donnerstag, egal ob Sommer oder Winter, der gleiche Ablauf. Gegen 18 Uhr trafen sich die ersten Kahlrasierten vor der Gaststätte „Eichenlaub". Circa dreißig Minuten später waren die Kameraden vollzählig zum „Deutschen Abend" angetreten. Zur Eröffnung der Veranstaltung sangen sie stets inbrünstig die Nationalhymne. Danach referierte ein geladener Kriegsveteran, vorzugsweise preußischer SS-Offizier aus dem süddeutschen Raum, über die Judenfrage, die Herrenrasse oder das Deutschtum im Hier und Jetzt. Zu fortgeschrittener Stunde, nach zahlreichen alkoholischen Getränken und unzähligen Heil-Hitler-Rufen, wurden die Neonazis zunehmend aggressiver und gewaltbereiter. Die Lautstärke in der Kneipe stieg von Minute zu Minute an. Schlachtrufe, Lieder und Parolen ließen erahnen, dass die jugendlichen Schläger samt Mitläufer nur darauf warteten, endlich ihren Hass, ihre Wut und ihren Zorn an den sogenannten undeutschen Subjekten abzureagieren. „Ausländer, Zecken und Penner klatschen" nannten sie die Übergriffe auf zumeist wehrlose Menschen, die aus bestimmten Gründen nicht in ihr schlichtes Weltbild passten.
Für Stefan waren diese Attacken hingegen nur Ausdruck ihrer geistigen Impotenz. Manche Leute hielten ihn schlichtweg für verrückt, andere für realitäts-

fremd, doch für die meisten Einwohner von Pirna war er einfach nur lebensmüde. Seit Anfang Juli stand er jeden Donnerstag mit seinem selbstgemalten Plakat wenige Schritte vom Eingang des Wirtshauses „Eichenlaub" entfernt und demonstrierte gegen die Kameradschaftsabende der Rechtsradikalen in seiner Heimatstadt. „Für Toleranz, Menschlichkeit und Gleichberechtigung – Nazis raus aus Pirna" hatte er in großen Buchstaben auf eine Papptafel geschrieben. Die letzten sechs Monate hatten seinem Transparent arg zugesetzt, und er überlegte schon seit einigen Wochen, ob er nicht ein neues Schild basteln sollte. Doch irgendwie hing er an diesem Plakat. Der Nachthimmel schickte an diesem Dezemberabend dicke Flocken zur Erde. Es war bitterkalt geworden, und der Wind pfiff mit unangenehmen Böen immer wieder die Straße hinauf. Er wusste, es lag nicht an diesem ungemütlichen Wetter, dass er ganz alleine vor dem Gasthaus stand. Stefan hatte bisher jeden Donnerstag einsam die Pöbeleien, Beleidigungen und gelegentlichen Handgreiflichkeiten der Neonazis ertragen. Mehrfach war er Zielscheibe ihrer sinn- und hirnlosen Gewalt. Sie hatten ihn bespuckt, mit Fäusten traktiert und ihm Bier über den Kopf gegossen. Aber was auch geschehen war, in der folgenden Woche bezog er wieder Posten vor der Kneipe und hielt sein Transparent den Besuchern des „Deutschen Abend" entgegen. Zu Beginn der Aktion hatte er noch auf die Unterstützung der Bevölkerung gehofft.

Er war sogar überzeugt davon, mit zunehmender Zeit immer mehr Menschen für den Kampf gegen den braunen Sumpf mobilisieren zu können. Doch nach einigen Wochen war ihm klar geworden, dass offensichtlich niemand Interesse hatte, sich mit den Rechtsradikalen auseinanderzusetzen. Sie verriegelten ihre Türen, ließen die Jalousien herunter, drehten den Fernseher ein wenig lauter und verschlossen einfach die Augen vor der nationalsozialistischen Wirklichkeit in ihrer Stadt. Die Leute hatten Angst. Sie fürchteten sich vor den Repressalien, die ihnen von den Neonazis immer wieder angedroht wurden, sofern sie es wagen sollten, ihre Stimme gegen die rechte Szene zu erheben. Deshalb hüllte sich ganz Pirna in ein kollektives Schweigen, wenn die kahlgeschorenen Kameraden durch die Straßen der Stadt marschierten. Auch Stefan hatte Angst. Nur war er der Meinung, dass man sich davon nicht lähmen lassen durfte.

Plötzlich flog die Tür auf und die Gaststätte spuckte vier betrunkene Glatzköpfe auf die Straße, die sich grölend und wankend in den Armen lagen. Alle trugen Bomberjacke, umgekrempelte Jeans und Springerstiefel. Kaum hatten sie Stefan entdeckt, steuerte die Gruppe auch schon mehr oder weniger zielsicher auf ihn zu. Er kannte die Jugendlichen noch aus gemeinsamen Schulzeiten. Alle, bis auf einen. Mit dem blonden Hünen ganz rechts war er zusammen aufgewachsen.

„Hey Benny, ist das nicht dein Bruder, die linke Drecksau?"

„Das ist nicht mehr mein Bruder. Mit dieser Zecke will ich nichts zu tun haben."

„Dann hast du sicherlich auch nichts dagegen, wenn wir ihm mal eine ordentliche Abreibung verpassen. Der provoziert mich einfach mit seinem dämlichen Schild. Jede Woche muss ich diese hässliche Visage ertragen, wenn ich aus der Kneipe komme. Da habe ich einfach keinen Bock mehr drauf."

„Warum sollte ich etwas dagegen haben? Der Typ ist mir vollkommen egal."

„Wenn das so ist, schlage ich vor, ihm solch eine Lektion zu erteilen, dass wir ihn die nächsten Wochen hier auf keinen Fall mehr sehen werden."

Wenige Augenblicke später hatten sich die vier Kameraden vor Stefan aufgebaut und musterten ihn mit hasserfüllten Blicken. Er sah seinem Bruder direkt in die Augen. Benny war vor zwei Jahren in die rechte Szene abgerutscht. In jenem Winter hatte er plötzlich mit dem Tennisspielen aufgehört, seine gesamten CDs verkauft, alle alten Klamotten aussortiert und seine Lockenpracht durch eine Glatze ersetzt. Sein Bruder hatte einen Schlussstrich gezogen und sein altes Leben einfach weggeworfen. Innerhalb eines Jahres war er zum Vorzeige-Nazi geworden. Stefan erinnerte sich genau daran, wie Benny seinen aufgebrachten Eltern erklärt hatte, dass er nun eine neue Familie gefunden habe und auf die linken Subjekte in diesem Haus zukünftig verzichten könne. Kurze Zeit später war er ausgezogen und nach Dresden gegangen. Dort hatte er sich in der Jugendorganisation der Rechtsradikalen hochgearbeitet und war bald einer der führenden Köpfe in Sachsen geworden. Aus Angst vor den Leuten vom Verfassungsschutz hatten die Pirnaer Kameraden seinen Bruder unbemerkt durch den Hintereingang in das Wirtshaus geschleust. Deshalb hatte Stefan bis zu diesem Zeitpunkt keine Ahnung gehabt, dass Benny der Referent des heutigen Kameradschaftsabends gewesen war.

Noch immer standen sich die Brüder Auge in Auge gegenüber. Die anderen Schläger beobachteten die Szenerie mit gespannter Erwartung. Benny glich einem Vulkan. Es brodelte in ihm und ein Ausbruch der Gewalt war jederzeit möglich. Stefan versuchte, Anzeichen einer Gefühlsregung im Gesicht seines Bruders zu entdecken, doch der wirkte wie versteinert. Allen war klar, dass etwas passieren würde oder vielmehr musste. Der prominente Neonazi aus der Landeshauptstadt konnte sich unmöglich die Blöße geben und in einer solchen Situation kneifen. Stefan sah gerade noch, wie der Mundwinkel seines Bruders ein wenig zuckte, als er auch schon einen krachenden Faustschlag ans Kinn bekam. Sein ganzer Mundraum füllte sich sekundenschnell mit Blut.

Er schluckte heftig und wollte gerade den Kopf wieder heben, als ihm einer von Bennys Kameraden mit seinem Springerstiefel gezielt in die Magenkuhle trat. Sie malträtierten ihn eine Viertelstunde. Das reichte immerhin für ein paar Rippenbrüche, unzählige Hämatome und eine schwere Gehirnerschütterung. Ein zufällig vorbeikommender Autofahrer alarmierte wenig später den Notarzt, bevor er schleunigst seine Fahrt fortsetzte. Im Krankenhaus schüttelte der alte Dr. Klee nur mit dem Kopf. Dies tat er jedoch nicht etwa angesichts des brutalen Übergriffs sondern vielmehr wegen der Tatsache, dass ein solcher Zwischenfall doch vorauszusehen gewesen war. Nach seiner Meinung hatte sich Stefan einfach unverantwortlich verhalten. Welcher normal denkende Mensch stelle sich schließlich alleine vor eine Kneipe, in der sich Dutzende Rechtsradikale betrinken, und demonstriere mit einem Schild „Nazis raus". Er, Stefan, müsse doch zugeben, dass so etwas einfach nur dumm sei. Nach der Ultraschalluntersuchung bekam das Unverständnis des Mediziners ob des Aktionismus seines Patienten noch einmal neue Nahrung. Der Bildschirm zeigte deutlich einen Riss in der Leber, welcher sofort operativ versorgt werden musste.

Als er aus der Narkose erwachte, saß seine Mutter neben ihm. Ihre Augen waren stark gerötet und blickten ihn müde an. Die ganze Nacht hatte sie auf diesem unbequemen Besucherstuhl gesessen, seinem ruhigen Atem gelauscht und sich den Kopf darüber zerbrochen, was sie bei der Erziehung von Benny wohl falsch gemacht hatte. Am gestrigen Abend hatte sie sich zunächst gefreut, als das Telefon klingelte und sich am anderen Ende der Leitung ihr zweiter Sohn meldete. Doch der hatte nur höhnisch gelacht, bevor er wie ein Tier in den Hörer brüllte, dass sie die linke Sau, und damit meinte er tatsächlich seinen eigenen Bruder, in der Nähe des Gasthofes „Eichenlaub" von der Straße kratzen könnten. Sie hatte gespürt, wie ihr Herzschlag einen Moment lang aussetzte und sich eine eiskalte Hand um ihren Hals legte. Sofort waren sie zu der Stelle gefahren, die Benny ihr genannt hatte, doch Stefan war schon auf dem Weg ins Krankenhaus gewesen. Die freundliche Schwester in der Notaufnahme hatte ihnen dann gesagt, dass ihr Sohn gerade operiert werde. Seit dem saß sie nun in diesem Zimmer und beobachtete jeden seiner Atemzüge.

„Guten Morgen Stefan, wie geht es dir?"

„Hallo Mutter, es geht. Ich fühle mich noch ein wenig müde, aber sonst ist alles klar. Ist Papa auch hier?"

„Der ist vor einer halben Stunde zur Arbeit gefahren. Ich soll dich schön grüßen."

„Hör mal, wegen gestern Abend..."

„Stopp, ich will davon nichts mehr hören, Stefan. Jetzt ist endgültig Schluss. Das ist die Sache einfach nicht wert. Ich sehe nicht ein, dass du dafür deine

Gesundheit aufs Spiel setzt. Denk mal in Ruhe darüber nach, ob du weiter den Helden spielen willst. Du musst mir versprechen, damit aufzuhören. Machst du das?"

„Geht ja sowieso erst einmal nicht mehr. Dr. Klee hat gesagt, dass er mich die nächsten zwei Wochen hier behalten will. Also brauchst du dir keine Sorgen zu machen."

Die nächsten Tage besuchten ihn seine Eltern regelmäßig nach dem Abendbrot. Sobald sein Vater von der Arbeit nach Hause kam, wurde seine Mutter unruhig und drängte ihren Mann zum Aufbruch. Sie kamen stets gegen 18 Uhr ins Krankenhaus und blieben dann etwa zwei Stunden. So ging es Tag für Tag, und so war es auch für jenen Donnerstag geplant. Eine Woche war seit dem schmerzhaften Wiedersehen mit seinem Bruder vergangen. Vorsichtig und leise öffnete seine Mutter die Tür zum Krankenzimmer. Sie wollte ihren Sohn mit einem Stück selbstgebackenen Kuchen überraschen, doch Stefan war weg, einfach verschwunden. Gemeinsam mit den Schwestern suchte sie ihn im gesamten Krankenhaus, aber ihr Sohn blieb unauffindbar. Unterdessen hatte sich sein Vater das Zimmer genauer angesehen und einen Blick in den Kleiderschrank geworfen. Er sah sofort, dass Stefan sich unbemerkt vom Krankenhauspersonal Jacke, Schuhe und Hose angezogen haben musste.

Zur selben Zeit trafen die ersten Gäste des „Deutschen Abends" vor der Kneipe „Eichenlaub" ein. Ihre Springerstiefel bohrten sich in den frisch gefallenen Schnee, und als sie im warmen Gastraum Platz genommen hatten, deutete einer von ihnen mit dem Daumen in Richtung Fenster.

„Und Kameraden, ist euch heute Abend vor dem Betreten der Gaststätte auch etwas aufgefallen?"

„Was meinst du? Ist doch alles wie immer. Die Laterne draußen hat nach wie vor keiner repariert, wir sind wie immer die Ersten, der fette Wirt parkt mit seiner alten Karre wie jedes mal genau vor der Feuerwehrausfahrt, und selbst der bescheuerte Stefan, dem sie letzten Donnerstag ordentlich die Fresse poliert haben, steht schon wieder mit seinem dämlichen Transparent draußen neben dem Eingang."

„Das meine ich auch nicht. Habt ihr es denn wirklich nicht gesehen? Im Fenster neben der Tür hängt ein neues Schild. Da steht nicht mehr ‚Heute - Deutscher Abend' sondern ‚Geschlossene Gesellschaft'."

Krippenspiele

Schon seit einigen Minuten starrte mich die welke
Elke so seltsam von unten aus an. Ungefähr so: *Performance*. Ich hatte mir bereits mehrfach wie zufällig
durch das Gesicht gewischt, um den eventuell von
ihr anvisierten Essensrest zu entfernen. Doch da war
nichts und deshalb fragte ich etwas unwirsch:

„Was denn los? Habe ich Pickel in der Fresse oder
was?"

„Du weißt schon, dass du eine Therapie brauchst,
oder?", säuselte Elke zurück.

„Was brauche ich? Therapie? Wieso das denn?"

„Na, weil du aus der DDR kommst."

„Was hat das denn damit zu tun?"

„Da warst du doch auch in der Kinderkrippe", führte
Elke aus. „Und ich habe gerade gelesen, dass die
Trennung von der Mutter im Säuglingsalter zu
schweren Traumata bei den Kindern geführt hat. Das
war ja ein riesiges soziologisches Experiment da in
der DDR, also quasi ein Menschenversuch oder so
etwas. Ihr seid im Grunde alle beschädigt und müss-
tet das erst mal therapeutisch aufarbeiten. Das steckt
nämlich ganz tief innen drinnen, also in der Seele
oder so."

„Jetzt echt mal, du solltest da unbedingt etwas machen", schaltete sich nun auch noch der einarmige
Jochen in das Gespräch ein. „Ab und zu merkt man

schon, dass dir die Mutterliebe in der Frühphase gefehlt hat. Schon wie du immer an der Bierflasche nuckelst. Völlig klare Sache."

Ich regte mich im Folgenden etwas auf, möchte das aber nur kurz zusammenfassen. Ich antwortete grob gesagt:

„Ihr seid ja wohl nicht ganz sauber. Dann wären ja Millionen von Gestörten unter uns. Überlegt mal wie viele als Babys in den Kinderkrippen zwischengelagert wurden. So viele Therapieplätze gibt es überhaupt nicht. Also vergesst diesen Quatsch mal schön wieder!"

Zwei Wochen später stand ich mit einer Gruppe mir unbekannter Menschen zusammen und brüllte mir die Seele aus dem Leib. Schreitherapie nannte das Frau Dr. Granatowski. Man muss sich die Szenerie in etwa wie folgt vorstellen: ein Dutzend erwachsener Menschen in farbenfoh gestreiften Frottee-Bademänteln und hölzernen Gesundheitslatschen stand um 3 Uhr nachts mitten im Teutoburger Wald und rief laut und verzweifelt nach der eigenen Mutter. „Maaaaammaaaaa" schallte es aus allen Ecken des Biosphären-Reservats. Ich hatte mich derweil etwas abseits hinter einen Baum gesetzt und brüllte mit verstellter Kehlkopfstellung zurück: „Mein Sohn, bist du es???" Frau Granatowski war etwas sauer auf mich, weil Ronny und Tino mit tränenerstickter Stimme riefen: „Ja, ich bin hier!!!" Mich entfernte man anschließend aus der Gruppe. Die Anderen schauten mich beim Abschlussgespräch vorwurfsvoll an. Tino und Ronny spukten mir ins Gesicht. Frau Granatowski klopfte beiden auf die Schulter und meinte, das gehe schon in Ordnung, man müsse seine Wut auch einfach mal rauslassen.

Ich wurde für die nächsten Tage in die Tiertherapie gesteckt. Das hatte ich schon mal im Fernsehen gesehen. Mit Delfinen schwimmen und so. Coole Sache. Nun ist es eine Tatsache, dass es im Teutoburger Wald und auch drumherum verhältnismäßig wenige Delfine gibt. Frau Granatowski drückte mir deshalb Rummenigge in die Hand und sagte, ich solle mich auf sein zurückhaltendes und liebevolles Wesen einlassen. Rummenigge war ein riesiger Rammler, irgendetwas zwischen Hase und Wildschwein und kackte mir in seiner zurückhaltenden, liebevollen Art erst einmal auf den Arm. Es war der Beginn einer wunderbaren Feindschaft. Rummenigge und ich hassten uns. Tiertherapeut Udo meinte, dass es sicherlich unklug von mir gewesen sei, den Rammler mit den Worten zu begrüßen: „Da ist er ja, der leckere Weihnachtsbraten." Schließlich hätten die Tiere sehr feine Antennen für solcherlei Anfeindungen. Ich fragte mich unwillkürlich, ob Udo auch in der Kinderkrippe war. Noch am selben Abend eskalierte die Situation dann, als Rummenigge mir beim Füttern etwa zwölf Mal in die Fingerkuppe hackte. Ich zerrte ihn daraufhin an seinen Schlappohren aus dem Verschlag und setzte den flauschigen Hasen in den

Hundezwinger zu den beiden Rottweilern „Rex" und „Gildo". Anschließend reckte ich die Faust in die Luft und rief: „Lasset den Verteilungskampf beginnen!"

Dr. Granatowski bescheinigte mir am nächsten Tag in einem sechsstündigen Vier-Augen-Gespräch völlige Unreife und erklärte, dass man mir zur inneren Einkehr verhelfen werde. Man war in diesem Falle Judith, eine zierliche Frau mit einem muffigen, dünnschiss-farbenen Umhang, der sie wie eine indische Geburtshelferin aussehen ließ. Das Problem an dieser zwölf Mal um den Körper geschlungenen Baumwollplane war schlichtweg, dass alle Gerüche des letzten Jahrhunderts in den unzähligen Falten und Krempelungen konserviert wurden. Jedes Mal, wenn Judith sich aus dem Stand by-Modus in Bewegung setzte, produzierte sie eine Wolke die nach toten Omas, Katzenpisse und Senfgas roch. Ich atmete die folgenden Stunden sicherheitshalber nur noch durch den Mund. Judith lächelte mich an und raunte:

„Hallo, lass uns gemeinsam dein inneres Kind finden."

Ich antwortete: „Alter, wenn du Männer mit inneren Kindern suchst, dann geh zur FDP, den Nazis oder zur katholischen Kirche."

Judith legte mir behutsam lächelnd den Arm auf die Schulter. Der dabei entstehende Gestank ließ mich auf der Stelle ins Koma fallen. Als ich erwachte, hörte ich „you're my heart, you're my soul" von Modern

Talking in einer transzendalen Klangschalen-Version. Um mich herum lagen leicht bekleidete Menschen mit seltsamen Hundenäpfen auf dem Körper. Judith ging im Raum herum und rieb, stocherte oder pulte hingebungsvoll mal an der einen mal an der anderen Schale. Dabei kicherte sie lautlos und wippte eigenartig mit dem Kopf. Ich setzte mich auf, zeigte auf den dicken Mann neben mir und rief „Pulleralarm!" Judith löste mittels eines Hockstrecksprungs blitzschnell einen die Atmosphäre verpestenden Gestanksorkan aus. Ich schrie den Herumliegenden und ihren inneren Kindern zu: „Durch den Mund atmen, ihr müsst durch den Mund atmen." Judith funkelte mich böse an und verwies mich energisch des Raumes. Mein inneres Kind musste auch mit.

Frau Dr. Granatowski schickte mich nach weiteren gescheiterten Therapieformen schließlich zu Poetry Slams. Dort, so meinte sie, würde ich jede Menge Gleichgesinnter treffen und könnte alle meine Traumata vor kompetenter Zuhörerschaft aufarbeiten.

Beim letzten Therapiegespräch erzählte ich der Frau Doktor, dass ich auf diesen Poetry Slams fast immer nur verlieren würde und ich mich ernsthaft frage, ob das auch an dem Trauma liege, das mir in der sozialistischen Kinderkrippe zugefügt wurde?

Frau Granatowski erwiderte: „Nein Dominik, das liegt einfach daran, dass du unglaublich schlechte Texte schreibst."

In diesem Moment hörte auch ich es ganz deutlich. Mein inneres Kind schrie auf „Maaaaamaaaa".

Wischblatt

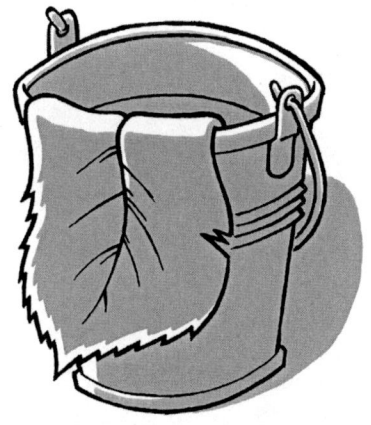

Wie ich einmal beinahe einen Arbeitsvertrag unterschrieben hätte

In Deutschland zu arbeiten ist eine lohnende Sache. Das gilt zwar nicht für den, der arbeitet, aber für alle anderen. Der Chef beutet dich aus. Der Staat beklaut dich ganz legal. Versicherungen, Krankenkassen, GEZ, Vermieter, Toilettenfrauen und Parkplatzwächter – alle wollen sie Geld von dir. Es ist die Kohle, die du vorher in einem beschissenem 10 Stunden Job erwirtschaftet hast, wobei natürlich nur 8 Stunden vertraglich vorgesehen und aufgrund der gesamtwirtschaftlichen Schieflage nur 6 bezahlt werden. Das führt wiederum dazu, dass unglaublich viele Menschen Lotto spielen, weil sie hoffen, sich mit einem Schlag aller finanziellen Sorgen entledigen zu können. Aber mal Hand aufs Herz, wie hoch ist die Wahrscheinlichkeit im Lotto zu gewinnen? Ich würde sagen, irgendetwas um die 0 %. Ein Banküberfall wird dagegen statistisch gesehen nur in 80 % aller Fälle von der Polizei aufgeklärt. Das heißt, es gibt eine 20%ige Wahrscheinlichkeit, die Kohle aus dem Überfall behalten zu können. Wenn man sich das vor Augen hält, fragt man sich schon, wieso jede Woche unzählige Lottoscheine ausgefüllt, aber nur sehr vereinzelt Banken überfallen werden. Egal, ich schweife vom Thema ab, denn eigentlich wollte ich erzählen, wie ich damals, also vor einigen Jahren, fast mal einen Job bekommen hätte. Es lief alles wie am Schnürchen. Das tat es aber immer, bis, ja bis zum Vorstellungsgespräch. In diesen Kreuzverhören scheiterte ich jedesmal. Nur an diesem besagten Tag, da hatte ich das Gefühl, ganz kurz vor der Unterzeichnung eines Kontraktes zu stehen. Die ersten 10 Minuten plätscherten mit dem üblichen Plattitüden und gegenseitigen Schmeicheleien dahin. Und dann kam SIE ... die Frage aller Fragen. Die Frage, die jeden Bewerber wie ein Eisberg die Titanic rammt, die Frage, die dich wie Berti Vogts in Knöchelhöhe weggrätscht, die Frage, die dich wie Charles Manson anlächelt, bevor sie dir das Messer in den Rücken rammt. Ich hörte sie langsam auf mich zurollen. Es dröhnte und grummelte im ganzen Raum, das Licht begann zu flackern, die Anwesenden spielten nervös mit ihren Kugelschreibern und von draußen ertönte das heisere Krächzen eines Raben. Der Chef des Tribunals holte tief Luft, lächelte wie Charles Manson und fragte dann in einem zuckersüßen Ton, der eine gewisse Gehässigkeit nicht verdecken konnte:

„Und Herr Bartels, was hat Sie bewogen, sich ausgerechnet auf unsere Stellenanzeige zu melden?"

Ehrlichkeit war hier natürlich fehl am Platze, soviel Erfahrung hatte ich in den letzten 137 Vorstellungsgesprächen schon gesammelt. Hier half nur Diplomatie, gepaart mit Eloquenz und einem Schuss Charme. Also antwortete ich:

„ähm… ja… also… im Grunde… wenn man es global betrachtet… dann kann man schon festhalten, dass… wenn man einmal die besonderen Umstände des Einzelfalles würdigt… ich schon der festen Überzeugung bin, dass Sie und ich… also natürlich nicht Sie persönlich, sondern mehr Sie als unternehmerischer Geist dieser systemrelevanten Produktionsstätte… also dass Sie und ich ein verdammt gutes Team abgeben würden."

Fragende und irritierte Blicke der Anwesenden ließen in mir den Verdacht aufkommen, dass hier noch einige Unklarheiten den Arbeitsvertragshimmel bewölkten. Deshalb schlug ich eine ganz neue Taktik an, indem ich mich und meinen verwanzten Körper den Feudalherren mit größtmöglicher Schmeichelei und falschen Versprechungen anzudienen versuchte. Ich regelte meine Stimme um eine Oktave herunter, um weniger aggressiv zu klingen, und säuselte den versammelten Sklaventreibern folgende Litanei ins Ohr:

„Verehrte Damen und Herren, in Zeiten globalisierter Wirtschaftsräume brauchen Unternehmen Mitarbeiter, die mulitlingual, multitasking und multiplikativ arbeiten können. Wir sind dafür prädestiniert, denn wir sind eine multiple Persönlichkeit.

Das bedeutet, Sie bezahlen nur einen Mitarbeiter, können aber auf die Fähigkeiten von 12 verschiedenen Personen zurückgreifen. Wir sind zwar erst 31 Jahre alt, bringen jedoch eine 85-jährige Berufserfahrung mit. Hinzu kommen 6x Abitur und 5x Real-schulabschluss, nur Bernd hatte nicht so die rechte Lust zur Schule und kann deshalb nur einen Haupt-schulabschluss vorweisen, aber dafür mag er Tiere! Wir haben 4 Berufsausbildungen, 5 Diplome und einen ergaunerten Doktortitel in der Tasche. Rita, Manfred und Gerd sind im Urlaub, das müssten Sie bei ihren Planungen dann aber noch berücksichtigen. Andreas und Maria meinen, ich solle Ihnen noch kurz erzählen, über welche soziale Kompetenz wir verfügen. Ja, also 4 von uns sind bei Amnesty Inter-national aktiv, 3 unterstützen die Arbeit von Green-peace und Bernd, Sie wissen schon, der mit dem Hauptschulabschluss, der leert jede Woche sechs Kisten Krombacher für den Regenwald.

Wir anderen haben mit Alkohol nicht so viel am Hut, aber bei Bernd ist es ja auch mehr ein sozialer Akt. Ihre Stellenanzeige hat uns deshalb angesprochen, weil Sie einen Mitarbeiter suchen, der teamfähig, flexibel und belastbar ist sowie über ein hohes Orga-nisationstalent verfügt. Wir besitzen alle diese Eigen-schaften, denn wenn sich 12 Persönlichkeiten einen Körper teilen müssen, können Sie sich vielleicht vor-stellen, was da alles zu organisieren ist. Da kann man nicht einfach so eine Currywurst essen gehen. Drei von uns sind nämlich Vegetarier. Oder Kleidung, ja das ist auch so ein Thema. Versuchen Sie mal 12 ver-schiedene Geschmäcker unter einen Hut zu bringen. Das fängt bei der Farbe der Unterwäsche an und hört bei der Frage BH oder Bustier noch lange nicht auf. Wenn der Typ in der Weltliteratur da rumjammert, dass zwei Seelen in seiner Brust wohnen, dann können wir nur müde abwinken. Was meinen Sie, wie es ist, wenn 12 Seelen in der schmalen Brust hausen. Die Frisur, die Lautstärke der Musik, das Fernsehprogramm, die Automarke, ja und letztlich auch die Berufswahl, das Alles muss abgestimmt und ausdiskutiert werden.

Und da kommen Sie und faseln in Ihrer Stellenanzeige etwas von Flexibilität und Teamfähigkeit. Wir könnten Ihnen auf diesem Gebiet Nachhilfe geben. Im Grunde ist unser Erfahrungsschatz doch unbezahlbar. Ein Mitarbeiter wie wir, der wird doch mit Kusshand genommen. Wir fragen uns sowieso, warum wir hier überhaupt rumsitzen müssen. Normalerweise müssten Sie vor unserer Tür bitten und betteln, damit wir in Ihr Unternehmen einsteigen. Stattdessen kommt hier der Berg zum Propheten und muss seine Größe demonstrieren. Spinnen Sie denn völlig? Was erlauben Sie sich überhaupt, uns solch einer Erniedrigung auszusetzen. Glauben Sie etwa wir haben es nötig, uns hier so demütigen zu lassen. Wissen Sie was, stecken Sie sich Ihren beschissenen Job doch sonstwohin. Auf diese paar Euros können wir gut und gerne verzichten. Mit uns läuft das nicht. Wir pfeifen drauf!

Wer will schon Platzwart bei Bayern München werden? WIR jedenfalls NICHT !!!"

Menschenskinder GmbH

Die gesamtwirtschaftliche Lage in Deutschland ist immer schlecht. Oder zumindest nie so gut, dass wir uns zufrieden in die Sonnenliegen fläzen und italienisch ausruhen könnten. Überall hört man die Schlagworte Controlling, Kostenminimierung, Wachstumsimpulse, Personalabbau, schlanke Organisationsformen, Dezentralisierung, Outsourcing usw., usw.

Dieses schwierige Marktumfeld trifft natürlich auch meine Familie und so habe ich interne Organisationsuntersuchungen durchgeführt, die uns befähigen sollten, auch in den nächsten Jahren innovativ und erfolgreich am wirtschaftlichen Leben in diesem Land teilzunehmen. Leider konnten einige betriebswirtschaftliche Eckpunkte nicht sofort umgesetzt werden, da sich der Familienverbund als sehr komplexes und kompliziertes Gebilde herausstellte. Hier gilt es, zukünftig alte gewachsene Strukturen aufzubrechen, um die dringend notwendigen Reformen in Gang zu bringen.

Als Erstes möchte ich auf die unbefriedigende Personalsituation eingehen. Zwei erwachsenen Produktivkräften stehen hier zwei sehr, sehr kostenintensive Stellen gegenüber, die wir der Einfachheit halber einmal „Kinder" nennen wollen. Meinem Vorschlag, mindestens 50 % dieses Personals zu entlassen, konnte von der Personalabteilung (Mutter) des Unternehmens nicht gefolgt werden, da die Minderjährigen noch langfristige Verträge in der Tasche hätten. Die Ältere der beiden Betriebsangehörigen kann frühestens in 8 Jahren auf die Straße gesetzt werden, wobei dann noch unklar ist, welche Abschlagszahlungen auf unser Unternehmen zukommen werden. Das Jüngere der beiden „Kinder" verbleibt dagegen noch mindestens 14 Jahre in der Firma. Demnach müssen wir entweder versuchen, die Produktivität der beiden Stellen zu erhöhen und gleichzeitig die Kosten zu verringern oder aber den gesamten Kinderbereich nach Rumänien verlagern. Ich habe gehört, es gebe für derartige Transfers enorme Zuschüsse von der EU!

Zur Zeit prüfe ich außerdem die Möglichkeit, die Kinder als Werbefläche zu vermieten. Ich habe verschiedenen Firmen angeboten, ihre Logos auf die Haut der nichtsnutzigen Halbwüchsigen tätowieren zu lassen. Dies würde enorme Einnahmen generieren, die uns in die Lage versetzen, Handlungsspielräume zurückzugewinnen und dringend notwendige Investitionen zu tätigen. Nachteil dieses Projektes ist, dass die Kinder zukünftig immer kurzärmelig und bauchfrei rumlaufen müssten und die Krankheitsanfälligkeit steigt, Vorteil wäre dagegen, dass man ihnen keine Winterklamotten mehr kaufen müsste. Meine Frau lehnte diesen Vorstoß meinerseits jedoch aus ästhetischen Gründen ab. Da fehlt bei ihr dann eben manchmal auch die professionelle Distanz.

Kommen wir nun aber zur Untersuchung des Ist-Zustandes. Hierbei wurde deutlich, dass von den beiden Führungskräften (Vater und Mutter) zuviel Sachbearbeitung erledigt wird und dies ausschließlich kostenlos. Dies kann sich ein Unternehmen in der heutigen Zeit natürlich nicht mehr erlauben und deshalb führte ich einige Veränderungen ein. Zu Beginn dieses Prozesses wurde der Betrieb unseres Gebäudes auf das Mieter-/Vermietermodell umgestellt. Den beiden Kindern wurde auf unserer letzten Betriebsversammlung mitgeteilt, dass ihre Zimmer zukünftig mit einem Mietpreis von 6,00 € pro Quadratmeter belegt werden. Der Einwand der beiden Betroffenen, dass sie nicht über genügend Barmittel verfügen würden, um diesen finanziellen Verpflichtungen nachzukommen, wurde mit einer vorläufigen Stundung begegnet. Der Mietzins für die Gemeinschaftsräume wird nach mehrheitlichem Beschluss der Versammlung vorerst von der Unternehmungsführung getragen. Um die Produktivität der beiden jüngeren Mitarbeiter zu erhöhen, wurde ein neuer Aufgabengliederungsplan erarbeitet, welcher vorsieht, dass Haus- und Gartenarbeit ab dem 01.01.2015 vollständig auf die „Kinder" übergehen. Hierfür werden Fort- und Weiterbildungskurse in unserem Hause angeboten, an denen die Betroffenen teilnehmen müssen. Der somit erwirtschaftete Gewinn kann zur Zahlung des Mietpreises für Räume und für die sonstigen zu beschaffenden Verbrauchsgüter (Essen, Getränke, Strom, Gas usw.) verwendet werden. Die beiden betroffenen Mitarbeiter kritisierten, dass sie bezüglich der Auswahl der Konsumgüter nur ein minimales Mitspracherecht haben würden. Dieser Vorwurf wurde von der Führung mit dem Hinweis weggewischt, dass nun einmal nur Einer Chef sein könne. Dann folgte noch irgendetwas mit „Beinen unter meinen Tisch" und so ähnliche Dinge. Im Übrigen hätten die beiden „Kinder" in der Vergangenheit deutlich gezeigt, dass sie zu einem wirtschaftlichen Handeln überhaupt nicht fähig sind. Aufgrund tumultartiger Szenen musste die Versammlung an dieser Stelle abgebrochen werden.

Damit wir auch zukünftig gegenüber den Konkurrenzunternehmen einen Vorsprung besitzen, haben wir uns entschlossen, ein neues Rechnungssystem einzuführen. Da alle Welt von der Doppik spricht und damit die doppelte Buchführung meint, werden wir dieses System revolutionieren und ab dem 01.01.2015 die neue vierfache Buchführung, genannt „Voppik" einführen. Wir erhoffen uns dadurch Synergieeffekte und eine sparsamere Mittelbewirtschaftung. Wir sind natürlich stolz darauf, in ganz

Deutschland die ersten Anwender dieses Verfahrens zu sein und haben schon Anfragen mehrerer Haushaltsvorstände, die Interesse an den ersten Arbeitsergebnissen gezeigt haben. Um die Einführung der Voppik so reibungslos wie möglich zu gestalten, haben wir eine Arbeitsgruppe gebildet, die aus den beiden jüngsten Mitarbeitern besteht. Die Arbeit dieser Gruppe wird koordiniert und bewertet von einer Lenkungsgruppe, der wiederum Vater und Mutter angehören. Des Weiteren haben die männlichen Mitarbeiter eine Haushaltskonsolidierungsgruppe gebildet, da sie der Auffassung sind, dass sie besser mit Geld umgehen können. Dies hat dazu geführt, dass die weiblichen Bediensteten eine Frauenbeauftragte gewählt haben, da sie sich in den verschiedenen Gremien für unterrepräsentiert hielten. Damit es bei Streitigkeiten zwischen den Organen fair zugeht, haben wir eine Untersuchungskommission ins Leben gerufen, in der alle Mitarbeiter vertreten sind. Die Arbeit der Kommission wird dem Kontrollausschuss vorgelegt, der wiederum aus den beiden Kindern besteht. Der Kontrollausschuss hat sein Arbeitsergebnis der Unternehmensführung zu präsentieren.

Alles in allem muss man hinsichtlich der Neustrukturierung des Unternehmens Familie von einem vollen Erfolg sprechen. Irgendwie haben wir noch etwas Probleme die verschiedenen Sitzungen der Gremien zu koordinieren und die Mitarbeiter klagen auch darüber, dass sie jetzt noch weniger Zeit als vorher hätten. Wie sich dies auf die Produktivität auswirkt, konnten die Seniorchefs (Oma und Opa) bei ihrem letzten Besuch im Unternehmen feststellen. Original-zitat der Oma: „Was ist das hier für ein Schweine-stall!" Die Unternehmensführung denkt nun darüber nach, der Oma einen Beratervertrag anzubieten, um die Wirtschaftlichkeit der Firma extern überprüfen zu lassen.

Erste Überprüfungen und Analysen nach der Neu-ausrichtung unseres Familienunternehmens zeigen klar auf, dass es eine fatale wirtschaftliche Fehlent-scheidung war, Kinder in unseren Betrieb zu holen.

Als ich meiner Frau dieses Ergebnis in einem halb-stündigen Vortrag verkündete, meinte sie mit Tränen in den Augen:

„Aber, wir lieben unsere Kinder doch!"

Ich antwortete, mehr zu mir selbst:

„Ja, wir lieben unsere Kinder doch, oder?"

Wir können zwar den Sonnenschein nicht verbieten, aber immerhin dafür sorgen, dass alle anderen im Schatten stehen

Lieber Dominik,
werte Jugendliche,
frustrierte Werktätige,

so kann es nicht weiter gehen. Noch niemals in der Geschichte der Menschheit wurde derart viel und in so abfälliger Weise auf Rentner, Pensionäre und andere aus dem Berufsalltag ausgeschiedene Silberlocken geschimpft wie in diesen Tagen. Ihr nennt uns Scheintote, Mumien-Express, Krampfadergeschwader oder einfach nur Friedhofsgemüse. Ständig wird darüber gemeckert, dass die Alterspyramide zunehmend in Schieflage gerät, dass die Senioren immer älter werden und die Rente schon bald nicht mehr zu bezahlen ist. Dabei sind es doch eure medizinischen Fortschritte, die gegen alle Naturgesetze aus jedem Dahinsiechenden und den ganzen anderen morschen Gerippen noch weitere Lebenswochen oder gar Monate hinausquetschen. Was soll das Ganze? Ist das der Sieg des Geistes über den Körper, oder was? Welcher Enkel braucht denn bitteschön einen Opa, der in einem 10.000 Euro-Spezialbett liegt, sich weder artikulieren noch bewegen kann und um den man so viele Geräte versammelt hat, als wäre er IT-Spezialist auf der internationalen Raumfahrtstation. Und dann diese ganzen Schläuche, Drähte und Behälter ... manche bedauernswerte Oma sieht aus wie eine lebende Ölbohrplattform. Wenn wir aber noch fit sind, ja, dann greift ihr nur zu gerne auf uns zurück. Da spielen wir dann den Enkelbetreuer, besetzen ganze Vereinsvorstände von Kleingartenkolonien oder Kaninchenzuchtvereinen und machen die Busse diverser Kaffeefahrtenveranstalter voll. Mal ehrlich, wenn wir nicht wären, würden ganze Industriezweige verschwinden. Ich sage nur: Inkontinenzwindeln, Klosterfrau Melissengeist oder auch Heizdecken. Ja genau, welcher normale Bundesbürger würde schon Heizdecken kaufen, na? Daneben verrichten wir viele Dienste für die Gesellschaft, die sonst niemand tun würde. So achten wir auf die korrekte Durchführung der Hauswoche, schreiben die Falschparker in unserer Straße auf und die in sämtlichen Straßen der Nachbarschaft, achten auf die Einhaltung der Mittagsruhe und nicht zuletzt sind wir die einzigen, die immer ein offenes Ohr für die Drückerkolonnen diverser Zeitungsverlage, für die Zeugen Jehovas und für die verschiedensten Call-Center-Mitarbeiter haben. Selbst Trickbetrüger wären ohne uns längst arbeitslos. Aber auch unsere Geduld ist erschöpft.

Und deshalb werden wir, bevor wir uns in unser Grundwasserbett legen, einen bundesweiten Streik durchführen. Ihr habt ganz richtig gehört, wir Rentner werden jetzt streiken. Und auch wenn ihr der Meinung seid, dass so ein Streik ohnehin nicht lange dauern kann, schon rein aus biologischer Sicht und auch unter dem Gesichtspunkt, dass die Streikkasse aufgrund der ausgebliebenen Rentenerhöhungen der letzten Jahre völlig leer ist ... wir werden euch weh tun, denn wir greifen die deutsche Gesellschaft dort an, wo sie am empfindlichsten reagiert, bei der Mobilität. Der Rentner an sich erreicht nämlich gar nichts, wenn er inaktiv bleibt, denn das ist die Gesellschaft von uns gewöhnt. Also müssen wir den Prozess umkehren und plötzlich eine nie da gewesene Aktivität verbreiten. Wir streiken, in dem wir etwas tun. Sozusagen Ruhestörung durch Ruhelosigkeit.

Ganze Heerscharen von rüstigen Rentnern werden ihre 25 Jahre alten Volvos und Mercedes aus der Garage holen und dann mit Spitzengeschwindigkeiten von 20 km/h mitten im morgendlichen Berufsverkehr ziellos durch die Innenstädte fahren. Wir holen unsere Rollatoren aus den Kellern und stellen uns in langen Reihen während der feierabendlichen Rush Hour vor die Fußgängerüberwege und quälen uns dann im Entenmarsch über die Fahrbahn. Und die ganz Alten und Gebrechlichen, die nicht mehr laufen können, schieben wir vor die Fußgängerampeln, wo sie den ganzen Tag die Sensortasten drücken. Aber das ist nicht alles, Leute, denn wir gehen nicht mehr irgendwann einkaufen, NEIN, wir gehen dann shoppen, wenn die arbeitende Bevölkerung in den Geschäften unterwegs ist. Und mit „shoppen" meine ich dieses orientierungslose Hin- und Herlaufen, dieses unablässige Beschäftigen des Verkaufspersonals mit immer denselben Fragen, dieses absichtliche in die Hacken fahren, dieses ständige Vordrängeln an der Kasse, weil der Bus gleich fährt, dieses tagelange Kramen nach Kleingeld, wenn hinter uns die Schlange bis zum Kühlregal reicht. An Wochenenden ziehen wir in großen Gruppen durch die Wohngebiete und verticken Abos der Apothekenumschau. Wir werden die Arztpraxen verstopfen, weil wir so viele Leiden mit uns herumtragen. Straßenbahnen, Züge, Flugzeuge...überall werden wir so langsam und umständlich einsteigen, dass unglaubliche Verspätungen entstehen. Wir rufen immer wieder bei 9Live an und sagen extra die falsche Lösung, damit der Moderator einen Herzinfarkt bekommt oder die Blondine mit den riesigen Brüsten endlich .... o.k. lassen wir das.

Aber wenn das alles nichts helfen sollte, dann machen wir ernst. Wenn also nichts mehr Erfolg verspricht, dann entführen wir Markus Lantz und zwingen das ZDF, Johannes Heesters „Wetten dass" moderieren zu lassen.

Und am Ende unseres Streikes werdet auch ihr zu der Erkenntnis kommen:

Ein Land ohne Rentner ist wie jeden Tag perfekter Sex. Eigentlich ganz schön, aber auf Dauer doch auch irgendwie stinklangweilig.

Viele liebe Grüße,
Dein Opa

Lebe jeden Tag so,
als ob es regnen würde!

Wie jeder Student, dessen Eltern nicht zur High Society Deutschlands gehören, war auch ich gezwungen, in den Semesterferien zu arbeiten. Zu meiner Zeit gab es noch vielfältige Möglichkeiten, sich in der Sommerzeit als studentischer Tagelöhner zu verdingen. Und deshalb fand ich mich im Sommer des Jahres 1995 im Büro der Personalabteilung ein, um mich und meine überschaubaren Fähigkeiten dem heimischen Arbeitsmarkt für die kommenden 4 Wochen zur Verfügung zu stellen.

„Haben Sie gedient?", bellte mich der Personalchef beim Eintreten an.

„Ich? Ähm, nein, ich habe Zivildienst im Kreiskrankenhaus geleistet."

„Aha! Na dann …" Der hagere Mann rückte seine Brille zurecht und nahm den Telefonhörer ab. Nach einigen Augenblicken brüllte er in den Apparat.

„Bangemann? Hier steht schon wieder so ein Drückeberger … ! … ja, keine Ahnung, warum die sich immer gerade bei uns bewerben … mmh! … ja, sieht einigermaßen kräftig aus … was? … woher soll ich das wissen? Warte mal, das kläre ich …"

Und dann, zu mir gewandt:

„Machen Sie mal 20 Liegestütze!"

„Wie jetzt, hier, gleich, im Büro?"

„Los, runter und pumpen! Ich zähle."

Ich absolvierte die geforderten Liegestütze mit einiger Mühe und als ich wieder auf die Beine kam, schrie der Dicke schon wieder in den Hörer:

„Höre, Bangemann, der hat zwar einen roten Kopf und Schnappatmung gekriegt, scheint aber körperlich in ausbaufähigem Zustand zu sein ... wie? ... ja, wenn er nichts taugt, schmeißen wir ihn wieder raus ... o.k. ... ja, ja, ich schicke ihn zu dir runter ... was? ... ja, du mich auch."

Der Hagere erklärte mir über die Brille hinweg, wo ich mich zu melden hätte und wünschte mir viel Glück. Nach seiner Meinung würde ich es auf jeden Fall brauchen.

Bangemann sah aus wie Sarkozy sprach aber akzentfrei deutsch. Und das ziemlich laut und auf das Wesentliche reduziert.

„Bist du Bartels? Gut! Hör zu, das ist hier kein Job für Weicheier und Beckenrandschwimmer. Ich brauche ganze Kerle. Wir sehen dem Feind tagtäglich ins Auge. Du musst bereit sein, Dreck zu fressen. Da draußen warten unzählige Fallen und Hinterhalte. Deshalb ist Disziplin und Kameradschaft oberstes Gebot. Das wird kein Zuckerschlecken für dich. Wir fahren durch Gebiete, wo selbst die Rottweiler nur zu zweit spazieren gehen. Hast du genug Eier, um dich dieser Herausforderung zu stellen?"

Ohne meine Antwort abzuwarten fuhr er fort:

„Hier herrschen einfache und klare Regeln. Was ich sage, ist Gesetz. Arbeitsaufnahme ist morgens 6Strich00, Mittagspause von 12Strich00 bis 13Strich00, Arbeitsende ist 15Strich00. Noch Fragen? Sehr gut, dann ist hier deine Uniform und die Schuhe. Ich erwarte, dass du beides mit Stolz trägst und vernünftig pflegst, klar? Also dann sehe ich dich morgen pünktlich hier auf dem Hof. Jetzt mach dich vom Acker, wir haben noch viel zu tun."

Am nächsten Morgen schlurfte ich bei den ersten Sonnenstrahlen auf den Hof, als Bangemann plötzlich hinter einem Container hervorsprang und mich zur Sau machte:

„Wie siehst du denn aus, Bartels? Was habe ich dir über die Uniform und die Schuhe gesagt? Die verknitterte Kleidung und die ungeputzten Schuhen deuten darauf hin, dass wir beide ein kommunikatives Problem haben. Was ist an der Forderung, die Sachen zu pflegen und mit Stolz zu tragen, nicht zu verstehen?"

Ich schaute Bangemann irritiert an und antwortete:

„Aber wir sind doch nur die Müllabfuhr. Wen interessiert es denn, ob wir gebügelte Overalls und geputzte Schuhe tragen? Wir wühlen sowieso den ganzen Tag im Dreck."

„Hören Sie, Bartels, es geht bei unserem Auftrag nicht nur darum, den Müll einzusammeln. Wir kämpfen an vorderster Front für Sauberkeit, Ordnung und Gesetzestreue. Wir sind nicht der Dreck, wir beseitigen ihn. Wenn wir uns hängen lassen, Bartels, dann geht es mit der ganzen Gesellschaft abwärts. Wir dürfen unseren Feinden keinen Quadratzentimeter Raum bieten. Jedes achtlos weggeworfene Bonbonpapier ist weiteres Wasser auf die Mühlen der Verwahrlosung unserer Städte. Jede Zigarettenkippe auf dem Gehweg stürzt uns weiter ins Chaos. Jeder Kronkorken, jedes Kaugummi, jedes von Wind und Regen zermanschte Aldi-Prospekt, jede zertrümmerte Bierflasche, jeder am Bahndamm zurückgelassene Kühlschrank, jedes im Baggersee versenkte Auto kann kriegsentscheidend sein. Unsere Gegner schlafen nie, Bartels, sie nutzen jede Unaufmerksamkeit, jede Schwäche, jeden schwer einsehbaren Winkel, um uns zu treffen, unsere Moral zu untergraben. Sie zeigen uns immer wieder, dass wir uns nie sicher fühlen können. Es ist ein ständiges Ringen um die Vorherrschaft auf der Straße. Der Feind kämpft im Verborgenen, weicht jeder offenen Konfrontation aus. Aber das Volk, Bartels, das Volk zählt auf uns. Wir dürfen die ehrbaren Bürger, den einfachen Mann von der Straße nicht enttäuschen. Und deshalb müssen wir Flagge zeigen. Wenn wir uns gehen lassen, dann haben diese Dissidenten leichtes Spiel. Haben Sie das verstanden, Bartels?"

„Ähm…"

„Dachte ich mir. Sie gehören jetzt zur kämpfenden Truppe, mein Junge. Lange genug haben Sie sich in der Schule den Arsch platt gesessen. Es wird Zeit, dass Sie für ihr Heimatland einstehen und bereit sind, entsprechende Opfer zu bringen. Lange genug hat die Gesellschaft Sie durchgeschleppt. Sie haben jetzt ein paar Wochen Zeit, den Leuten etwas zurückzuzahlen. Also dann, auf die Gefechtsstationen."

Die nächsten vier Wochen arbeitete ich mit Bangemanns Einsatztrupp in den verschiedensten Problemvierteln unserer Großstadt. Das Ganze war ein aussichtsloses Unterfangen. Wir hatten keine Chance gegen die Berge von illegalem Müll. Wir, das waren neben Bangemann und meiner Wenigkeit, Rudolf, genannt „der eiserne Besen", Manni, Spitzname „der Panzer", weil er auf ebensolch abenteuerliche Weise unseren Müllwagen fuhr und Bodo, Rufname „Söldner", weil er alten Omis für 5 Mark den Kühlschrank aus dem 4. Stock trug. In diesen vier Wochen wurde ich von meinen Mitmenschen bzw. Dienstleistungsempfängern wie Bangemann sie nannte, angepöbelt, ausgelacht, bedroht, angegriffen, wie der letzte Dreck behandelt und mitleidig betrachtet. Ich bewunderte Bangemann und seine Kollegen, die sich all diesen Widrigkeiten Tag für Tag aussetzten und niemals den Optimismus verloren. Sie waren in gewisser Weise wahrscheinlich sogar überzeugt davon, dass sie von den meisten Menschen geachtet und für ihre Arbeit respektiert wurden.

Nach meiner Zeit bei der städtischen Müllabfuhr wusste ich, dass Bangemann und seine Kameraden allesamt völlig durchgeknallt und verrückt waren.

Dennoch habe ich nie wieder Menschen erlebt, die ihrer Arbeit mit einer vergleichbaren Würde, mit solchem Stolz und einer derartigen Ernsthaftigkeit nachgegangen sind. Und wenn ich von diesen Typen eins gelernt habe, dann, dass es nicht darauf ankommt, was wir tun, sondern dass wir in all unseren Handlungen den besonderen Wert erkennen und zu schätzen lernen.

Handwerk

Dave: Der Alarm an meiner Armbanduhr weckt mich zuverlässig um 06.30 Uhr. Ich hatte noch nie in meinem Leben Schwierigkeiten pünktlich aufzustehen. Das hat nach meiner Meinung etwas mit Disziplin zu tun. Ich kann mich noch gut daran erinnern, welche Schwierigkeiten mein Bruder hatte, aus dem Bett zu kommen. Er wälzte sich noch minutenlang unter der Decke hin und her, obwohl sein Wecker schon einen ohrenbetäubenden Lärm machte. Das war nämlich so ein neumodisches Ding, dass im Laufe der Zeit immer lauter wurde, wenn man es nicht ausstellte. Vielleicht würde er heute noch leben, wenn er immer gleich aufgestanden wäre. Wieso fragen Sie? Nun ja, ich meine, fünf Minuten früher auf der Straße und er wäre dem Geisterfahrer nie begegnet. Aber mit seiner Einstellung. Egal, sei es drum, ich habe heute wieder einen anstrengenden Arbeitstag vor mir und muss jetzt unbedingt duschen gehen. In meinem Job kommt es nämlich auf ein gepflegtes Äußeres an, müssen Sie wissen. Den dunklen, eleganten Anzug habe ich schon gestern Abend bereit gelegt. Die Schuhe habe ich mir vom Hotelservice auf Hochglanz polieren lassen. Ich liebe diesen Service. In Deutschland ist er jedoch eher die Ausnahme. Ich persönlich mag Deutschland nicht besonders, die Menschen hier sind irgendwie immer unzufrieden und ziemlich schlecht drauf. In meiner Branche kann man sich aber leider das Land nicht aussuchen, in dem man die Aufträge abwickeln muss. Der Kunde ruft an und ich nehme den Job selbstverständlich an, schließlich habe ich einen guten Ruf zu verlieren und die Konkurrenz schläft nicht. Ein kurzer Blick auf die Uhr. 07.00 Uhr. Gut, Zeit die Ausrüstung zu überprüfen. Das bedeutet in meinem Fall, dass ich den „Werkzeugkoffer" öffne und mich nochmals versichere, dass ich auch alles dabei habe. Sie wissen schon, Vorsicht ist die Mutter der Porzellankiste und so weiter. Wieso ich das Ding „Werkzeugkoffer" nenne? Ganz einfach deshalb, weil ich mich selber als eine Art Handwerker sehe. O.K., ist vielleicht nicht unbedingt ein Ausbildungsberuf, aber man muss auch pünktlich, zuverlässig und zielstrebig agieren, wenn man es zu etwas bringen will. Mein Boss sagt oft zu mir, dass ich einer der Besten wäre. Das würde Sie sicherlich freuen, wenn Ihr Chef das zu Ihnen sagen würde, was? Aber mich ärgert dieser Spruch, denn ich will nicht einer der Besten sein, sondern ganz einfach der Beste. Dafür arbeite ich hart und dafür reise ich sogar nach Deutschland, obwohl die Leute hier so grimmig in die Gegend schauen. Egal, wenn alles gut läuft, dann bin ich heute Nachmittag schon auf dem Weg nach Hause. Nein, da wartet niemand auf mich. Warum nicht? Na ja, ich will es mal so ausdrücken, es dürfte wenig Frauen auf der Welt geben, die Verständnis für meine Tätigkeit aufbringen würden. Vielleicht liegt es auch an mir, kann gut sein, auf jeden Fall haben es die Frauen bislang nicht sehr lange mit mir ausgehalten. Entschuldigen Sie, aber ich muss mich jetzt wirklich ein wenig konzentrieren, wir sehen uns dann nachher wieder.

Klaus: Ich hasse diese Weckrufe im Hotel. Die Stimme am anderen Ende der Leitung klingt so aufgeweckt. Verstehen Sie, was ich meine? Man selber ist so verdammt müde und muss sich dann von so einer super wachen Person von der Rezeption einen wunderschönen Guten Morgen ins Ohr flöten lassen. Oh, ich bitte Sie vielmals um Verzeihung, ich habe mich noch gar nicht vorgestellt. Ich heiße Klaus Bergmann und bin 43 Jahre alt. Seit gut 7 Jahren sitze ich nun schon im Bundestag und seit fast 2 Jahren bin ich Wirtschaftsminister unseres Landes. Ja, richtig, ich bin einer von diesen Politikern. Jetzt mögen Sie mich schon gleich nicht mehr was? Aber Sie haben ja auch allen Grund dazu, die Politik ist wirklich ein ganz dreckiges Geschäft und im Grunde geht es nur darum, dass man vielen Leuten einen Gefallen tun muss, nur um irgendwann einmal die Chance zu bekommen, ganz und gar an der Macht schnuppern zu können. Doch bevor man dort ankommt, hat man schon mehr als ein Mal seine Seele verkauft. Sie haben es sich schon gedacht nicht wahr? Ein Politiker muss sich prostituieren, um einflussreiche Posten zu ergattern. Das ist eben die Spielregel. Wie, jetzt kommen Sie mir mit Moral und Verantwortung? Ach, so naiv sind Sie noch? Ich dachte, wir sind hier jetzt ganz unter uns und könnten völlig offen miteinander sprechen. Na gut, ich kann Ihnen auch diese üblichen Plattitüden herunterbeten, kein Problem. Die wollen Sie nicht hören? Sehen Sie, wir verstehen uns doch. Ich will Ihnen nichts vormachen, nicht in dieser Geschichte. Bevor Sie jetzt anfangen, mich doch ganz sympathisch zu finden, muss ich Ihnen noch beichten, dass ich hier nicht alleine im Hotelzimmer bin. Nein verdammt, das ist nicht meine Frau! Das ist Silke, meine 25-jährige Referentin. Was sie in meinem Bett zu suchen hat? Ganz einfach, wir schlafen regelmäßig miteinander, was haben Sie denn gedacht? Wie spät ist es denn jetzt? 07.00 Uhr. Gut, dann werde ich mich jetzt frisch machen und danach muss ich mich auf diese dämliche Konferenz vorbereiten. Ich weiß, dass das mein Job ist. Na und, mögen Sie Ihre Arbeit? Na also! Sie müssen wissen, dass ich mich heute mit so ein paar afrikanischen Amtskollegen treffen muss. Keine Ahnung wo die herkommen und was die eigentlich von mir wollen, das wird mir Silke noch alles erzählen. Ein wenig Ruhe brauche ich jetzt, aber wir sehen uns ja später wieder.

Dave: Da sind Sie ja wieder! Ich weiß, Sie hätten nicht gedacht, dass man sich so verändern kann. Die

Perücke ist eine Spezialanfertigung aus Paris, ich kann Ihnen sagen, die hat ein Vermögen gekostet. Der Trick mit den hohen Absätzen ist mir selbst eingefallen, müssen Sie wissen. Ich habe immer wieder in der Zeitung gelesen, dass der Täter so und so groß war, da kam mir die Idee, meine Körpergröße extrem zu verändern. Jetzt wirke ich ziemlich riesig, obwohl ich nur 1,70 Meter messe. Es sind aber nicht nur die Schuhe, ein paar andere Kleinigkeiten gibt es da schon noch, aber ich kann Ihnen ja nicht alles verraten, schließlich gibt es so etwas wie ein Berufsgeheimnis. Die Veränderung der Augenfarbe ist eine Selbstverständlichkeit in unserem Job. Eigentlich wechselt man sie nach jedem Auftrag. Ebenso Haarfarbe und andere Merkmale wie Bart, Brille und so weiter. Aber das haben Sie sich sowieso schon gedacht nicht wahr? Ich reise grundsätzlich mit möglichst wenig Gepäck. Das ist so ein uralter Grundsatz von mir. Viel Gepäck bedeutet viele Spuren und das sollte man doch möglichst verhindern. Mein Werkzeugkoffer und eine kleine leichte Reisetasche, das ist alles was ich bei mir habe. So, jetzt kann es losgehen! Folgen Sie mir und machen Sie ein möglichst entspanntes Gesicht, soll ja nicht gleich jeder sehen, dass Sie so nervös sind. Schauen Sie mich an und versuchen Sie es. Nicht so übertrieben lässig! Sehen Sie, das ist gar nicht so einfach und auch deshalb werden wir so gut bezahlt. Ich werde jetzt den Schlüssel abgeben, warten Sie einfach in der Lobby auf mich.

Bestellen Sie sich etwas zu trinken oder lesen Sie eine Zeitung, tun Sie einfach so, als wenn Sie irgendwie dazugehören. Und denken Sie bitte daran, starren Sie niemals die Leute an, die das Hotel betreten. Warum nicht? Also bei Ihnen muss ich ja das komplette Grundlagenprogramm abspulen! Es ist ganz einfach, wer ständig die Gäste anglotzt, macht sich verdächtig. Die Angestellten müssen das Gefühl haben, dass Sie eine hochwichtige Persönlichkeit sind. Selbst wenn Madonna an Ihnen vorbeispaziert, dürfen Sie nicht einmal die Augenbraue hochziehen. Jetzt haben Sie es verstanden. Also dann bis gleich.

Klaus: Hallo, kommen Sie rein, ich bin gleich soweit. Eigentlich warten wir nur noch auf Silke. Wo sie ist? Die sitzt im Badezimmer und heult. Ich habe ihr gesagt, dass ich mich momentan unmöglich von meiner Frau trennen kann, weil das schlecht für die politische Großwetterlage und vor allem mein persönliches Image wäre. Stellen Sie sich mal vor, diese blöde Kuh versteht das nicht und denkt, ich will nur mit ihr ins Bett. Ja, natürlich hat sie recht, aber das kann ich ihr ja wohl schlecht sagen. Wie, Sie halten mich für ein Schwein? Jetzt sind Sie aber ziemlich scheinheilig. Vor allem Sie, meine Herren. Ich bin 43 Jahre alt und habe die typische Politikerwampe von den vielen Empfängen und üppigen Büffets. Sie wollen mir doch nicht erzählen, dass Sie nicht versuchen würden, diese attraktive, junge Frau ins Bett zu kriegen. Ich kann auch nichts dafür, dass Macht so eine erotische Ausstrahlung produziert. Sie hat sich mir ja förmlich aufgedrängt. Nein wirklich, so war es. Keine Ahnung, vielleicht hat sie dieses komische älterer Mann-Syndrom, was weiß ich denn. Auf jeden Fall bin ich auch nur ein Mann und erliege den weiblichen Reizen nun einmal ziemlich schnell. Das ist keine Rechtfertigung, sondern eine Tatsache! Ich glaube, wir lassen dieses Thema besser, Sie sind ja doch voreingenommen. Die Konferenz beginnt in einer Stunde und ich muss bis dahin Silke aus dem Badezimmer bekommen, ohne sie bin ich völlig aufgeschmissen und das weiß sie auch. Meinen Sie wirklich? Na gut, ich werde es ausnahmsweise mal mit Ehrlichkeit versuchen und ihr sagen, wie wichtig sie für meine Arbeit ist. Jetzt grinsen Sie sich eins, ich wusste gar nicht, dass Sie von solch niederen Instinkten getrieben werden. Aber gut, dass muss ich Ihnen zugestehen, Sie haben recht gehabt. Silke scheint sich wieder beruhigt zu haben und sucht mir sogar die entsprechenden Unterlagen zusammen. Wir werden uns jetzt unter vier Augen unterhalten. Nein, nicht was Sie jetzt wieder denken. Silke und ich werden uns auf die Konferenz vorbereiten. Den kurzen Weg zum Kongresszentrum werde ich mit Silke nachher zu Fuß gehen. Die frische Luft wird uns beiden gut tun. Sie begleiten uns doch hoffentlich? Das freut mich.

Dave: Fragen Sie mich bitte nicht, warum wir jetzt in dieses Gebäude gehen. Die Erklärung muss ich Ihnen schuldig bleiben, weil die Auswahl des Standorts von so vielen Faktoren abhängt, dass man dieses Thema nicht mal schnell unterwegs abhandeln kann. Nun beeilen Sie sich doch mal. Ich treibe Sie überhaupt nicht an, ich mag es nur einfach nicht, wenn man Zeitplan durcheinander gerät. Wie hoch wir noch klettern müssen? Ich würde sagen, bis aufs Dach, meine Damen und Herren. Die Frage meinen Sie doch nicht ernst, oder? Wir können unmöglich den Fahrstuhl nehmen, überlegen Sie doch mal selbst! Ich fasse es nicht, Sie wissen wirklich nicht warum, oder? Stellen Sie sich doch mal vor, das Ding bleibt stecken. Erstens ist der Auftrag dann gestorben und zweitens könnte die Rettung durch Feuerwehr und Polizei ziemlich unangenehm werden. Warum? Na wegen des Werkzeugkoffers! Also was man Ihnen alles erklären muss. Ah, da sind wir ja. Bitte schließen Sie die Tür hinter sich. Versuchen Sie möglichst flach über den Boden zu robben. Ich weiß, dass es unangenehm ist, aber dieser Beruf hat eben auch seine Schattenseiten und ich kann es nicht riskieren, dass jemand von der Straße aus beobachtet, wie wir hier oben umherlaufen. Sehen Sie da unten, man hat einen herrlichen Blick die ganze Straße hinunter. Der Eingang des Kongresszentrums liegt genau gegenüber. Was sagten Sie? Ach so, na ja, ich schätze so circa 300 Meter dürfte die Entfernung schon betragen, keine leichte Aufgabe, aber ich habe schon schwierigere Gegebenheiten vorgefunden. Unser Standort ist fast ideal. Der Fluchtweg ist etwas komplizierter als üblich, aber etwas Besseres habe ich nicht gefunden. Geben Sie mir doch bitte mal den Werkzeugkoffer! Vielen Dank. Das wussten Sie. Natürlich haben Sie das gewusst. Ein amerikanisches Fabrikat. Keine Ahnung, warum fast alle dieses Modell bevorzugen, wahrscheinlich ist es einfach das Beste. Es hat mich noch niemals enttäuscht und ich bin da ein wenig abergläubisch. Bitte seien Sie vorsichtig mit dem Zielfernrohr, es ist sehr empfindlich und schließlich geht es hier um absolute Präzision. Nein, das kann eben nicht jeder. Man braucht einen sehr, sehr ruhigen Finger und darf sich niemals aus der Ruhe bringen lassen. Einfach? Ich bin gespannt, was Sie sagen, wenn Ihnen nachher das Adrenalin durch die Blutbahn schießt und Ihr Puls Höchstgeschwindigkeiten erzielt. Aber erst einmal können wir uns entspannt zurücklehnen. Die Konferenz beginnt in einer halben Stunde und unser Funkgerät wird uns schon Nachricht geben, wenn sich das Ziel nähert.

Klaus: Nun geben Sie es schon zu, es war doch die richtige Entscheidung. Sehen Sie sich nur den Himmel an, vollkommen wolkenlos. Das wird ein herrlicher Spaziergang bis zum Kongresszentrum. Na und, was hat denn das damit zu tun? Ich weiß selber, dass

800 Meter nicht besonders viel sind, aber haben Sie mal meinen Job, da wären Sie auch froh, wenn Sie mal ein paar Schritte zu Fuß gehen könnten. Natürlich ist das gefährlich, das brauchen Sie mir nicht zu sagen. Ich bin den ganzen Tag von diesen Personenschützern umgeben, glauben Sie mir, mit der Zeit wird man völlig paranoid. Diese Typen haben immer so einen Gesichtsausdruck, Sie wissen schon was ich meine. Irgendwie erinnert mich das immer an eine Raubkatze im Zoo. Sie gehen neben mir her und ständig drehen sie den Kopf in alle Richtungen. Das Beste ist aber dieser Knopf im Ohr und dazu das Mikrofon am Handgelenk. Klasse, diese Bodyguards, aber manchmal nerven sie auch einfach nur. Warum sie nicht bei mir sind? Ich würde sagen, dass ich ihnen nicht erzählt habe, dass ich die 800 Meter zu Fuß gehen werde. Was meinen Sie, was das wieder für Diskussionen gegeben hätte. Viel zu riskant und so weiter und so weiter. Da hatte ich heute wirklich keine Lust drauf. Na kommen Sie schon, lassen Sie uns losgehen. Wenn wir dort sind, werde ich Ihnen die Wirtschaftsminister aus Angola, Kenia und Niger vorstellen. Vergessen Sie es, davor können Sie sich nicht drücken. Oh, da vorne ist es ja schon. Wir haben es gleich geschafft, bleiben Sie direkt hinter mir.

Dave: Ruhe bitte! Sie sind ja schlimmer wie ein Bienenschwarm. Ich brauche absolute Stille. Hören Sie? Das ist das Funkgerät. Haben Sie alles verstanden?

Unser Ziel kommt zu Fuß. Das kann ich auch kaum glauben. Ja, das ist ungewöhnlich. Normalerweise fahren sie mit ihren gepanzerten Limousinen vor und ich habe nur einen kurzen Moment, um meine Arbeit zu erledigen. So etwas wie heute ist natürlich ein Glücksfall. Das vermittelt Ihnen natürlich einen völlig falschen Eindruck von meinem Job. Aber ich hoffe, Sie werden es mir nachsehen, wenn mir das ziemlich egal ist. Dann wollen wir mal. Der Typ mit der roten Krawatte. Nun drängeln Sie doch nicht so, Sie werden es schon nicht verpassen. Jetzt ganz ruhig. Merken Sie, wie Ihr Puls rast? Sie sind aufgeregt nicht wahr? Nein, bin ich nicht. Ich bin einfach konzentriert. Wissen Sie, ich fixiere meine ganze Aufmerksamkeit auf die technische Ausführung des Auftrages. Ich visiere das Ziel an und atme einmal kräftig aus, dann lege ich den Finger behutsam auf den Abzug und warte auf eine günstige Gelegenheit. Für gewöhnlich verpasse ich den Opfern ein Schuss ins Herz, aber manchmal geht es einfach nicht anders, da muss ich den Kopf nehmen. Nein, das finde ich auch nicht gut. Die meisten haben ja doch Familie und wenn sie dann mit so einem vermanschtem Kopf im Sarg liegen, das ist doch nicht schön. Sie haben recht, da ist er. Ich glaube es nicht, der hat nicht mal Leibwächter. Als wenn er es drauf anlegen würde. So einen einfachen Job hatte ich wirklich lange nicht mehr. Das wird ein Kinderspiel, glauben Sie mir. Ich könnte ihn jetzt schon abknallen, aber ich warte noch ein wenig. Wieso? Ganz einfach, weil es für unsere Flucht besser ist, wenn ich ihn vor dem Kongresszentrum erledige. Das gibt mehr Aufruhr und Panik. Schauen Sie mal, wie viele Menschen da schon versammelt sind. Ein prächtiger Vorteil für mich. Er wird vor ihnen zusammenbrechen und die Masse wird in Hysterie verfallen. Bevor die überhaupt wissen, was geschehen ist, sind wir schon wieder weg. Noch zwanzig Meter, jetzt wird es ernst. Das letzte Mal kräftig durchatmen und nun den Finger ganz langsam beugen.

Was ist passiert? Wo sind sie denn alle? Mir war auf einmal schwarz vor Augen. Warum antworten Sie mir denn nicht? Habe ich den Auftrag erledigt? Wo bin ich und was hat dieser verdammte Schmerz in meinem Rücken zu bedeuten?

Klaus: Nun seien Sie mal nicht so schüchtern. Kommen Sie schon herein, ich wollte Sie doch mit den Herren Wirtschaftsministern bekannt machen. Ja, Sie haben recht, es ist ein wunderbarer Tag. Na schön, wenn Sie lieber noch etwas spazieren gehen wollen, dann möchte ich Sie nicht weiter aufhalten. Sie hören ja, Silke ruft, ich muss jetzt wirklich nach oben. Sie finden den Weg nach draußen alleine? Das dachte ich mir. Auf Wiedersehen.

Wolle Wasser kaufe?

„Hey .... Psssst .... Willst'e Wasser kaufen? 1-a-Ware. Ganz ehrlich. Mein Stoff hat immer höchste Qualität. Und ich habe gute Preise. Gut heißt hier aber nicht billig. Qualität muss auch bezahlt werden. Auf was stehst du denn so? Komm sag schon! Mit Sprudel? Medium? Oder stilles Wasser? Ich kann dir alles besorgen. Nicht so ein verunreinigtes Zeug aus dem kommunalen Netz. Ich habe nur allerbesten Stoff aus den Entwicklungsländern. Das ist noch Natur pur. Das schmeckt man. Du wirst nie wieder etwas anderes wollen. Das Wasser wurde noch traditionell aus den Grundwasserspeichern geholt. Da ist nichts recycelt, da gibt es keine Zusätze. So wie in der guten alten Zeit. Reines H2O – erinnerst du dich noch?
Ja klar, damals brüllten die ganzen Idioten etwas von „Wasser ist ein Grundrecht" und forderten die Politiker auf, uns Dealern das Geschäft zu vermiesen. Das war ein kleiner Rückschlag ... muss ich zugeben. Natürlich nur in Europa. Im Rest der Welt hatten wir den Wasserhandel schon längst unter unsere Kontrolle gebracht. In diesen Entwicklungsländern ist das zugegebenermaßen auch etwas einfacher. Ein paar hunderttausend Euro kostet da so eine Regierung. Das bezahlen wir meist mit den Fördergeldern aus irgendwelchen Entwicklungshilfetöpfen. Und letztlich ist das auch nur fair, schließlich kommt das

gute afrikanische Wasser uns allen in Europa zugute. Also denen, die es bezahlen können, natürlich nur.

Was sagst du? Was soll das sein? Ausrauben, plündern, koloniale Strukturen?

Na hör mal, jetzt tu doch nicht so, als wäre das bei Wasser irgendwie anders als bei Gold, Öl, Gas oder anderen Bodenschätzen. Wir zwingen doch niemanden, unser Wasser zu kaufen! Die Leute können schließlich auch Coca-Cola saufen oder sich mit Milch waschen. Natürlich wollen wir ordentlich Geld verdienen. Und mit einem endlichen Rohstoff lässt sich das nun einmal bestens realisieren. Sieh mal, irgendwann ist das Wasser alle und dann muss ich auch sehen, wo ich bleibe. Bis dahin versuche ich einfach, meine Schäfchen ins Trockene zu bringen.

Na gut, dass ich manchmal auch auf dem Schulhof stehe und die Kinder mit meinem Wasser anfixe, ist grenzwertig. Aber was soll ich machen? Immer mehr potentielle Kunden sterben mir weg, weil sie verdursten oder schmutziges, vergiftetes Zeug trinken. In ihrer Not saufen manche sogar die Bremsflüssigkeit aus meinem Porsche. Habe ich selbst gesehen.

7 Milliarden Abhängige, Alter. Wasser ist die Volksdroge Nummer 1. Das ist ein riesiger Markt, verstehst du. Aber man muss auf der Hut sein. Wir alle. Diese ganzen illegalen Raubritter, die sich tief in die Erde wühlen, um irgendwo eine saubere Wasserader zu finden, bereiten uns schon Kopfzerbrechen. Nur deshalb laufen die Grundwasserpumpen auf der

Welt Tag und Nacht. Das sind ja auch wahnsinnige Kosten, die da entstehen. Aber diese kommunistischen Brunnenbaukolchosen, diese sozialromantischen Ökoheinis, diese unbelehrbaren Weltverbesserer und sandalentragenden Humanisten sind zäher, als wir anfangs gedacht haben. Das ist ein regelrechtes Hauen und Stechen um das Wasser auf dieser Welt. Glücklicherweise haben wir das Recht auf unserer Seite, also nicht das Menschenrecht, mehr das Recht des Stärkeren. Ein paar Sprengungen, ein paar gezielte Verunreinigungen des Grundwassers und die Errichtung monumentaler Staudämme reichen oftmals schon aus, um diesen Mineralwasser-Gandhis das Handwerk zu legen.

Das Geschäft läuft schließlich auch bei uns nicht immer gut. Beispielsweise wenn es regnet. Na dann kauft fast niemand etwas. Ist zwar minderwertige Qualität dieses „Regenwasser". Aber wenn die Leute es ordentlich filtern, reicht es schon aus, um die größte Sucht zu befriedigen. Wir testen schon seit Jahren, wie wir den Regen ungenießbar machen können. Millionen stecken wir in die Forschung. Und in die Werbung. Bei mir hier im Vertrieb bleibt doch gar nicht so viel hängen, weißt du. Ab und zu muss ich auch mal etwas Soziales fördern oder etwas Kulturelles oder einem Politiker unter die Arme greifen. Das mache ich nicht gern, aber das Image verlangt es einfach. Da wäscht dann eine Hand die andere. Aber nur mit unserem Wasser. Ha,ha,ha … Händewaschen mit unserem Wasser – kleiner Witz am Rande!

Dabei ist der Regen sogar noch das kleinere Problem. Am meisten nerven mich die Flüsse und Seen und natürlich die schneebedeckten Gipfel. Da gibt es schon noch die eine oder andere saubere Quelle. Es ist ein riesiger finanzieller Aufwand, dieses Wasser immer und immer wieder ungenießbar zu machen. Die Leute rennen in ihrer Verzweiflung trotzdem zum Fluss. Da nutzen auch unsere Schilder „Vorsicht – Kein Trinkwasser!" nichts. Gut in aller Regel trifft der Wassermangel nur die armen Menschen, die sich unseren guten, sauberen Stoff ohnehin nicht leisten können. Man muss das als Dealer schon auch von der wirtschaftlichen Seite sehen. Nur solvente Abhängige sind gute Abhängige. Alle anderen müssen halt sehen, wo sie die Mittel herbekommen, um ihren Durst zu stillen.

Nein, ich finde nicht, dass wir als Dealer für die Beschaffungskriminalität der Leute verantwortlich sind. Diebstahl ist unmoralisch. Da bin ich ganz und gar Prinzipienreiter. Man kann doch nicht irgendwo hingehen und sich dort dann einfach nehmen, was man braucht. Womöglich noch mit Gewalt oder falschen Versprechungen? Nein, das Eigentum sollte besonders geschützt werden. Und wer nichts hat … na, der hat eben nichts!

Letztlich hat es Bertold Brecht doch auf den Punkt gebracht, als er sagte:

Ein armer und ein reicher Mann
die sahen sich einander an
Da sprach der Arme zu dem Reichen bleich
Wär ich nicht arm, wärst du nicht reich

Also was ist nun, ein Liter besten Wassers für dich? Geschöpft von Kindersklaven in Uganda. Ohne Zusätze, aber mit jeder Menge wertvoller Mineralien. Nein? Wirklich nicht?
Na gut, mein lieber Verbraucher, aber wenn du es dir anders überlegst, frag einfach nach Nestlé, das ist mein Name. Jeder kennt mich hier. Im letzten Jahr habe ich fast 10 Mrd. Euro Gewinn gemacht. Ich bin der größte, der reichste, der skrupelloseste Dealer auf dem Markt. Und ... ich bin stolz darauf!"

Schnitt!!!

Täglich sterben 4.000 (!) Kinder, weil sie verseuchtes Wasser getrunken haben. 15 Kinder, während du hier diesen Text gelesen hast. Aber das ... ist keine andere Geschichte, sondern nur die Realität!

Amtsblatt

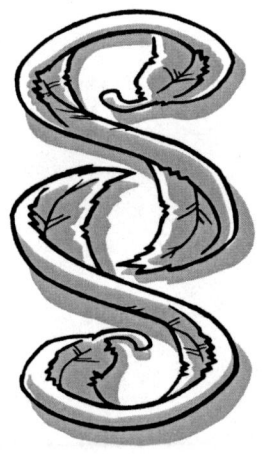

Der Nächste bitte ... nicht!

Die Faust des Mannes wirbelte zunächst einige Male wild durch die Luft und verharrte dann drohend wenige Zentimeter vor ihrem Gesicht. Frau Moritz kannte solche Situationen. Seit über 15 Jahren machte sie diesen Job. Und sie machte ihn gut. So gut, dass man sie zur Teamleiterin beförderte. Die Fluktuation unter ihren Mitarbeitern war hoch. Viele waren der nervlichen Belastung auf Dauer nicht gewachsen. Frau Moritz hatte ihre eigene Strategie entwickelt. Sie senkte den Blick von der zitternden Faust zur dünnen Akte auf ihrem Schreibtisch. Fall 247 aus 2013. Routine eigentlich. Auf dem karierten Block daneben hatte sie sich ein paar Notizen gemacht. Wenige Sätze, akkurat geschrieben. Die Entscheidung, IHRE ENTSCHEIDUNG, war im Grunde klar. Das wusste sie und das wusste der Mann. Seine Angaben waren schwer bis gar nicht nachprüfbar. Die Schilderungen bedienten die Stereotypen, die Frau Moritz in den letzten Jahren schon so oft gehört hatte. Entweder hatten diese Menschen tatsächlich alle das Gleiche erlebt oder die Geschichten wurden von einem zum anderen weitergegeben. Wie eine mündliche Überlieferung aus alten Zeiten. Wer konnte schon so genau sagen, was Wahrheit und was Dichtung war?
Frau Moritz schaute wieder auf, blickte dem Mann geradewegs ins Gesicht. Die Erregung kann gespielt

sein, dachte sie. Die meisten ihrer Fälle versuchten, ihr Mitleid zu erregen, an ihre Menschlichkeit zu appellieren. Einige wenige, so wieder dieser Mann, setzten dagegen auf Einschüchterung und Bedrohung. Wie weit diese Menschen tatsächlich gehen würden, konnte niemand abschätzen, immerhin ging es um ihre Zukunft. Ohne den Augenkontakt zu verlieren tasteten ihre Hände nach dem Notknopf unter dem Schreibtisch. Der Chef hatte sie zu unzähligen Seminaren und Fortbildungen geschickt, in denen solche Szenen nachgestellt wurden. Sie hatten damals gelacht und viel Spaß gehabt. Da waren sie unter sich, unter hresgleichen. Weit weg von den Tragödien, den Schicksalen und diesen angsterfüllten Augen.

Frau Moritz fixierte die große Wanduhr hinter dem Mann. Kurz vor 11. Die Zeit wurde knapp. Für jeden Fall hatte sie 30 Minuten. Eine halbe Stunde für ein menschliches Schicksal. Mehr war nicht vorgesehen. Mehr brauchte Frau Moritz auch nicht. Die größte Herausforderung bestand darin, die Antragsteller nicht ins Reden kommen zu lassen. Wenn sie zu viel redeten, waren nicht nur die 30 Minuten in Gefahr, vielmehr konnte die Objektivität verloren gehen. Frau Moritz sagte oft zu ihrem Mann, dass sie die Gesetze nicht gemacht habe, sie müsse sie lediglich ausführen. Irgendwann sagte sie nichts mehr zu ihm. Irgendwann war er einfach gegangen. Er habe ihre emotionale Kälte nicht mehr ertragen können, schrieb er ihr zum Abschied. Frau Moritz hatte kurz geweint und war einen Tag zu Hause geblieben. Der Job gab ihr danach den nötigen Halt.

In den Akten dieser Leute stand, woher sie kamen und warum sie von dort weggehen mussten. Frau Moritz kannte diese Orte nicht. Sie wusste nicht, wie es dort aussah, wie es roch und welche Pflanzen am Wegesrand wuchsen. Sie hatte aufgehört, Nachrichten, Dokumentationen und Reportagen zu sehen. Aufgehört, das Geschehen auf der Welt in Zeitungen oder im Internet zu verfolgen. Die Gesetze, Kommentare und die Rechtsprechung sagten und regelten alles, was für ihre Arbeit wichtig und notwendig war. Und letztlich war ihre Entscheidung auf Antrag sogar gerichtlich überprüfbar.

Die 30 Minuten des Mannes waren gleich um. Frau Moritz spürte deutlich das Unbehagen in ihrer Brust. Eine halbe Stunde für jeden Antragsteller. Das war doch fair, das war doch angemessen. Gleiches Recht für alle, dachte sie. Der Mann hatte von seiner Familie erzählt. Seine Frau war von Rebellen aus dem Nachbarland vergewaltigt und dann erschossen worden. Die beiden kleinen Söhne hatten sie gefesselt und an einen Truck gehängt … Hier hatte Frau Moritz den Mann unterbrochen und ihm höflich aber bestimmt darauf hingewiesen, dass dies für die Beurteilung des Falles keine Rolle spiele, da er nachprüfbar und glaubhaft belegen müsse, dass IHM Gefahren für Leib und Leben drohen würden, wenn er in sein Heimatland zurückkehre. Das in Ruanda Bürgerkrieg herrsche, sei zwar bedauerlich, aber noch kein ausreichender Asylgrund. Vielmehr komme es darauf an, dass ER beweisen könne, tatsächlich individuell verfolgt zu sein. Ansonsten hätte er doch auch in Afrika eine Fluchtmöglichkeit finden können. Das sei die Gesetzeslage in Deutschland und diese zu vertreten, sei ihre Aufgabe.

Danach war es für einen Moment ganz still im Büro. Der Mann und Frau Moritz blickten einander stumm an. Das Stimmengewirr auf dem Flur war deutlich zu hören. Sie sah die Verzweiflung im Gesicht des Mannes, die Tränen der Wut, die sich in seinen Augen sammelten. Ganz kurz flackern die Bilder in ihrem Kopf auf. Marodierende Rebellen, die ganze Dörfer niederbrannten, Frauen missbrauchten, Kinder entführten, Männer enthaupteten. Schreie, Blut, Qualm. Flüchtlinge, die in besseren Nussschalen auf dem Mittelmeer kentern und jämmerlich ertrinken. Angespülte Leichen an den Stränden Italiens, Spaniens oder Griechenlands.

Frau Moritz kennt diese Momente und aktiviert die Stimme in ihrem Kopf. Die Stimme, die ihr Halt und Orientierung gibt. Die Stimme, die nur einen einzigen Satz sagt: „Grundlage unseres Denkens und Handelns ist das Asylverfahrensgesetz, neugefasst durch Beschluss vom 02.09.2008, BGBl. I S. 1798; zuletzt geändert durch Artikel 1 des Gesetzes vom 28.08.2013, BGBl. I S. 3474." Sie wiederholt diesen

Satz wieder und wieder, bis alle Bilder aus ihrem Kopf verschwunden sind, bis der Mann vor ihr wieder Fall Nr. 247 aus 2013 geworden ist, bis sie ihre Souveränität als Teamleiterin zurückgewonnen hat.

Eine Viertelstunde ist seitdem vergangen. Der Mann hatte unablässig auf sie eingeredet, doch Frau Moritz hörte nicht mehr zu. Ganz langsam nimmt sie die Hand vom Notknopf, greift zum Stempel und drückte ihn langsam und sorgfältig auf die Akte. „Asylantrag nach Anhörung abgelehnt". Frau Moritz holt tief Luft und lehnt sich dann zurück. Es ist 10 Minuten nach 11. 30 Minuten Bearbeitungszeit. Exakt. Ein Lächeln huscht über ihr Gesicht.

Draußen vor der Tür leuchtet ein Schild auf. „Der Nächste bitte."

Alles Unglück in der Welt geschieht nur, weil einer mehr tut, als er muss

Ich bin im Grunde eine sehr tolerante Natur. Leben und leben lassen, das ist mein Motto. Soll doch jeder nach seiner Fasson glücklich werden. Die Geschmäcker sind eben verschieden. Jeder wie er will und kann. Ist doch schließlich jeder seines Glückes Schmied. Immer schön auf sich selbst schauen und an die eigene Nase fassen. Aber es gibt da eine Gruppe von Menschen, die mir tierisch auf den Sack gehen. Ihre bloße Existenz stört mein inneres Gleichgewicht. Ich spreche von SOLDATEN.

Schon als Jugendlicher habe ich mich gefragt, was das für Trottel sein müssen, die sich den ganzen Tag von noch größeren Trotteln herumkommandieren lassen und das auch noch toll finden. Das Leben eines Soldaten ist von jeglicher Freude befreit. Kaserne trostlos, Essen geschmacklos, Kleidung hoffnungslos, Sex freudlos und das Dasein sinnlos. Die Tage des uniformierten Befehlsempfängers sind streng durchgeplant, um zufälligen Ereignissen und spontanen Ideen den Garaus zu machen. Und die Tage eines Soldaten beginnen früh, sehr früh, also praktisch mitten in der Nacht. Wenn Menschen, die den Sprung vom Einzeller in der Ur-Suppe zum selbständig denkenden Lebewesen geschafft haben, noch friedlich schlummernd in der warmen Biberbettwäsche liegen, werden die uniformierten Frässchädel von einem schlechtgelaunten Marktschreier aus ihren dünnen Pritschen gebrüllt. Soldaten finden das total geil. Einen Zustand der totalen Glückseligkeit erleben sie dann, wenn einer dieser schreienden Primaten sich etwa 10 cm vor ihrem Gesicht die Lunge aus dem Leib krakeelt und dabei unzählige kleine Speicheltropfen verschießt. Überhaupt mögen unsere bewaffneten Vaterlandsverteidiger die körperliche Nähe ihresgleichen. Sie schlafen grundsätzlich zu sechst oder zu acht in einer spartanisch eingerichteten Kammer, gehen gemeinsam duschen, essen, Zähne putzen, sich schminken, anziehen und danach auf gefährliche Missionen in Harz, Heide oder Thüringer Wald. Soldaten mögen diese sinnlosen Outdoor-Aktivitäten. Sie schlagen sich ins Gehölz, tarnen sich als Flamingo, was deplatziert wirkt aber cool aussieht, und warten auf weitere Befehle. Befehle sind so etwas Ähnliches wie Gebrauchsanweisungen für IKEA-Möbel. Man hält sich ganz streng an die Vorgaben, ohne zu fragen oder zu murren und zum Schluss kommt nur Scheiße dabei raus. Und weil das so ist, stehen die Flamingos den halben Tag ganz stramm in Wildschwein-Kacke in unseren Wäldern herum und träumen von leckeren Bratkartoffeln, die sie am Wochenende in der elterlichen Küche genießen werden, während Mama die Wildschwein-Kacke aus der Uniform wäscht und Papa in den Erinnerungen an seine Zeit bei der Deutschen Marine schwelgt. Genau in diesen Momenten absoluter Zufriedenheit erklingt die schneidige Stimme des pickligen Ausbilders, der kraft zweier Stoffstreifen auf seinen Schulterstücken der Bestimmer ist. Neben diesen Stoffstreifen gibt es auch noch Sterne. Beides bekommt man weder durch Leistung noch durch Befähigung, sondern einfach deshalb, weil man schon so lange dabei und einfach dran ist. Mit anderen Worten: Che Guevera wäre in der Bundeswehr nicht Commandante sondern höchstens Unteroffizier gewesen. Dafür würde er heute noch leben und könnte sich an einer abbezahlten Doppelhaushälfte, einer keifenden Ehefrau, zwei übergewichtigen Kindern und einem 15 Jahre alten Passat vor der Tür erfreuen.

Ja nun, das muss man einfach mal feststellen, in solchen Guerilla- Armeen fehlt einfach das soziale Netz. Da muss man sich dann als junger Mensch schon entscheiden, entweder man kämpft für Ideale oder für die Pension. Okay, die Versorgungslage ist in beiden Fällen nicht wirklich berauschend. Ich meine, wer mal ein wenig in Ostalgie schwelgen oder den nahrungsmitteltechnischen Alltag der DDR hautnah erleben will, der ist bei der Bundeswehr bestens aufgehoben. Zerkochte Gemüsebeilagen, undefinierbare Suppenbestandteile, die entfernt an Schnürsenkel oder Gummidichtungen erinnern, Fleischstücke mit der Konsistenz frischer Baumrinde und dem Geschmack von Teerpappe, Brot und Brötchen, die abgepackt und aufgrund fragwürdiger Zusatzstoffe noch bis 2025 haltbar sind und Kaffee, der irgendwie nach zerkochten Soldatensocken schmeckt.

Ja, das Leben als Bundeswehrsoldat ist wahrlich kein Zuckerschlecken und oft genug reicht der karge Sold gerade einmal, um sich einen getunten Golf GTI in die heimische Garage zu stellen. Tanken ist da oft schon nicht mehr drin. Und weil das Geld eben eine wichtige Sache ist, melden sich viele der uniformierten Tiefflieger freiwillig zum Auslandseinsatz nach Afghanistan. Offiziell nennt sich das Ganze dann Friedensmission. Deren Ziel ist der Dialog mit der einheimischen Bevölkerung. Leider sprechen die Afghanen kein Deutsch und die Fremdsprachenkenntnisse der Soldaten sind … na sagen wir mal … also ausbaufähig … vor allem was das Afghanische angeht. Und da das mit dem Sprechen nicht so recht funktioniert, verständigt man sich eben auf andere Weise. Eine kleine Rakete in Richtung des all-inclusive-Camps der Bundeswehr oder auf vorbeifahrende Armeefahrzeuge bedeutet auf afghanisch in etwa: Verpisst euch! Das kann man eigentlich nicht missverstehen. Ist im Grunde eine ganz klare Sache und schon fast so etwas wie ein internationales Zeichen. Frau Merkel, ihres Zeichens Afghanistan-Expertin von Wählers Gnaden, meint aber, dass es bei allen Beteiligten noch Verständnisschwierigkeiten hinsichtlich der wahren Absichten des Bundeswehreinsatzes am Hindukusch gebe. Ich wiederum glaube, dass Frau Merkel Verständnisschwierigkeiten mit dem Begriff Soldat hat. Denn wie wir alle wissen, ist SOLDAT nur eine Abkürzung für: SOLL OHNE LÄSTIGES DENKEN ANDERE TÖTEN!

Blickwinkel

Das schwarze Kleid der Nacht raschelt in den
dunklen Eingeweiden der Stadt,

die in Mauern gezwängte Gemütlichkeit kämpft mit
Energiesparlampen und Baumarkt-Kaminen gegen
die herbstliche Depression an.

Drinnen sitzen die Zombies vor flimmernden Kisten
oder hochtechnologischen Flachbildschirmen,

lassen sich privat- oder öffentlich rechtlich die letzten
funktionierenden Gehirnteile lahm legen.

Sie begaffen und bestaunen bedauernswerte Verrückte in Talkshows, heruntergekommene Schlagersänger in Dschungelcamps, dekadente Ehefrauen mit
Silikontitten beim Einkaufsbummel oder irgendwelche kamerageilen Auswanderer, die ihre Cafe-
Eröffnung in Thailand als geniale Idee bezeichnen,
weil es natürlich in ganz Südostasien
noch kein einziges Cafe gibt…

Das alles senden sie live,

bunt und schrill,

ein wahrer Zoo von Randexistenzen,

eine Parade der prächtigsten Absurditäten,

ein bunter Reigen profilneurotischer Selbstdarsteller.

Die mediale Supermacht erklärt uns das Leben, die
Welt und wen man für die ganze Scheiße
verantwortlich machen kann.

Kriege werden bildgewaltig in Szene gesetzt, sind
dabei ganz sauber und fleckenfrei, die Rollen des
Guten und der Schurken wurden natürlich schon
vorher besetzt,

Experten in Nadelstreifen und Öl im gepflegten Haar
erklären der breiten Masse, warum ein Einschreiten
der internationalen Gemeinschaft
dringend notwendig war.

Komisch nur, dass man diese Herren niemals mit
einer Waffe in der Hand für die herbei gejammerten
Menschrechtsverletzungen kämpfen sieht.

Ihre Schlachten schlagen sie höchstens am Buffet im
Bundeskanzleramt.

Oh ja, ich sehe es ganz genau in Ihren Augen…ich soll endlich die Fresse halten, aufhören mit diesem Scheiß-Pessimismus, diesem destruktiven Gefasel…

Man kann ja doch nichts ändern. Ist halt wie es ist. Muss man das Beste daraus machen. Also schön wieder einreihen in die Herde der Schafe und der Masse hinterher trotten. Alles andere ist einfach zu anstrengend und führt doch eh zu nichts.

Doch, wenn Teile sich vereinen zu einem Ganzen
Wenn Volkes Zorn spricht durch Schwerter und Lanzen
Dann senden Fackeln ein warmes Licht
Es bedeutet Hoffnung
Wie Löwenzahn, der durch Asphalt bricht

Und dann schaltet ihr wieder die Glotze ein, schaut euch eine „reality"-Show über geistig zurückgebliebene Hartz4-Empfänger an und fühlt euch gut. Fühlt euch gut, weil die doch sowieso alle selbst schuld sind, diese ganzen Jaquelines, Mandys, Kevins und Marvins. Diese in Plattenbauten rumlungerten Ghetto-Kids, die einfach nur zu blöd sind,
um ihre Situation zu ändern.
Wir wissen das alles ganz genau und
deshalb lacht es sich auch so herrlich bei Witzen über
die Unterschicht.

Die Wahrheit ist, wir kennen nur inszenierte, quotenorientierte Seifenopern. Reality ist hier höchstens die fragwürdige Moral, die dafür sorgt, dass selbst kleine Kinder als Sinnbilder der Verwahrlosung vor die Kamera gezerrt werden.
Es sind Klischees, vorgefertigte Erklärungen,
nichts als multimediale Watte,
die jedes kritische Hinterfragen erstickt.

Genauso wie die Nachrichten:

Steine werfende Jugendliche
in Hamburg und Berlin? – *Chaoten, was sonst.*

Flugzeugabsturz in Indien, 130 Tote? – *schlechtes Material, mangelhafte Wartung, was sonst.*

Bürgerkrieg in Ruanda? – *irgendwelche religiösen Konflikte, was sonst.*

Kinderarmut in Deutschland? – *die Eltern versaufen doch die ganze Kohle, was sonst.*

Vulkanausbruch auf Island, der gesamte Flugverkehr in Europa wurde eingestellt? – *Ey, Alter, das ist wirklich schlimm, wir wollten doch in Urlaub fliegen.*

Macht endlich die Augen auf und erkennt die Fassaden, Kulissen und Animationen.

Die kamerascheuen Intendanten und Chefredakteure
betonen gerne,
wie schnell, umfangreich und detailliert heutzutage
über die Ereignisse auf der Erde berichtet werden
kann.

Wir sollten aber nicht vergessen, dass es auch nie
leichter war, uns zu belügen.

Und wenn Teile sich vereinen zu einem Ganzen
Wenn Volkes Zorn spricht durch Schwerter und Lanzen
Dann senden Fackeln ein warmes Licht
Es bedeutet Hoffnung
Wie Löwenzahn, der durch Asphalt bricht

Tick ... Tack ...

Tick...Tack...Tick...Tack...

Er hatte mit dieser Stille nicht gerechnet. Abgesehen vom Ticken des großen Weckers vor seinem Bauch und dem leisen Wimmern der jungen Lehrerin in der hintersten Ecke des Raumes war nichts zu hören. Die Schulkinder sahen ihn mit weit aufgerissenen Augen und Mündern an. Sie wirkten etwas schockiert, nachdem sie mit ansehen mussten, wie er ihrer Lehrerin mit einem gezielten Faustschlag die Nase gebrochen hatte. Warum musste diese blöde Kuh auch so hysterisch schreien? Bis dahin war doch noch rein gar nichts passiert. Er hatte ihr mit Paketband einfach den Mund zugeklebt und jetzt lag sie da hinten fast lautlos vor sich hin schluchzend zwischen den Landkarten, auf denen sie das Land schon vereinnahmt hatten, aus dem er kam. Eine einzige große gelbe Fläche kennzeichnete ihren Erfolg.

Tick...Tack...Tick...Tack...

Das Geräusch des großväterlichen Erbstückes mit dem riesigen Ziffernblatt und den Silber glänzenden Schellen auf dem Gehäuse hatte eine durchaus hypnotische Wirkung auf ihn. Dieses mechanische Ungetüm hatte den Bombenangriff auf sein Dorf überstanden. Seine Großeltern waren weniger robust. Nach den Flugzeugen kamen die Bodentruppen. Sie vollendeten die ethnische Säuberung mit Schnellfeuerwaffen und Handgranaten. Er war mit seinen Kollegen im Bergwerk als sie kamen. Die vielen verzweigten Gänge und unübersichtlichen Stollen retteten ihnen das Leben. Moment, dachte er, welches Leben? Der Tod wäre Erlösung gewesen, das Leben war eine Strafe. Diese Erkenntnis traf sie, als sie in ihr Dorf zurückkehrten.

Tick…Tack…Tick…Tack…

Er blickte in die Gesichter der Schulkinder. Wie alt mochten sie sein? Auf jeden Fall nicht viel älter als seine beiden Töchter. Die saßen auch in einem Klassenraum, wurden von einer Lehrerin unterrichtet und plötzlich stürmte ein Mann in das Gebäude. Er schlug die Frau bewusstlos, verriegelte dann die Tür und die Fenster. Die Kinder saßen ganz still auf ihren Stühlen, ganz diszipliniert und leise, so wie es ihnen beigebracht wurde. Und so saßen sie auch noch da, als das Feuer sich in der kleinen Dorfschule ausgebreitet hatte. Sie saßen da, ganz brav und still und dann verbrannten sie bei lebendigem Leibe.

Tick…Tack…Tick…Tack…

Sein Blick schweifte durch den Raum. An den Wänden hingen Zeichnungen. Schmetterlinge in allen Formen und Farben. Seine Töchter hatten auch gerne gemalt. Zum Geburtstag schenkten sie ihm ein riesiges Bild mit einer Sonnenblume. Das sollte er bei sich tragen, wenn er in den Berg stieg. „Dann hast du immer ein wenig Sonne bei dir", hatten sie ihm lachend erklärt. Er griff an seine Brusttasche und spürte dort das gefaltete Papier. Es war alles, was ihm von seinen Kindern geblieben war. Als er das letzte Mal in den Berg stieg, stahl er acht Stangen Dynamit und einen guten Meter Kabel.

Tick…Tack…Tick…Tack

Draußen wurde es laut und hektisch. Sie kamen. Erst die Einsatzkräfte, dann die Übertragungswagen und zum Schluss die Eltern. Mütter und Väter. Mütter, die ihre Küchen mit Putzlappen säuberten und Väter, die ganze Landstriche mit Waffen säuberten. Nein, er hatte kein Mitleid mit ihnen, denn sie hatten keines verdient. Er würde diese verdammte Schule in die Luft sprengen und ihnen genau das nehmen, was er damals auf so grausame Art verloren hatte. Sie sollten den Schmerz fühlen, den er fühlte, sie sollten vermissen, was er vermisste, sie sollten diese Ohnmacht spüren, die er spürte. Er holte das Bild mit der Sonnenblume aus seiner Tasche und legte es sorgfältig auf den Tisch. Mit den Fingern zeichnete er ganz vorsichtig die Linien nach.

Tick…Tack…Tick…Tack

Als er aufschaute, sah er einem kleinen blonden Mädchen direkt in die Augen. Sie starrte ihn mit einer Mischung aus Furcht und Neugier an. Ihre Lippen bebten unmerklich. Er sah, wie ihre Finger nervös an einem Heft herumspielten. Langsam stand er auf und ging auf sie zu. Ihre Pupillen weiteten sich angsterfüllt. Sie begann zu zittern, als er sich ganz nah zu ihr herunterbeugte und ihr das Heft aus der Hand nahm. Eine kleine Weile blätterte er gedankenversunken darin herum. Schließlich legte er es zurück auf den Tisch und wandte sich wieder ab. Einen Augenblick später hielt er inne, kehrte um und beugte sich noch einmal zu dem kleinen Mädchen hinunter. Mit dem Daumen fing er eine Träne auf, die über ihre Wange rollte.

Tick…Tack…Tick…Tack

Seine Finger berührten das Dynamit, die Kabel und den Wecker. Er schaute durch das Fenster in die Sonne und zog einen winzigen Stift aus der Halterung…

Tick…

Normal Total!

Was ist schon normal? So lautete die Fragestellung für diesen Text. Als kleine Zugabe sollte ich mich noch auf die Rolle der Frau in unserer Gesellschaft konzentrieren. Für mich als ausgewiesenen Frauenversteher natürlich kein Problem ... dachte ich ... und sagte spontan zu, hier und heute aufzutreten. Mit einem Text über Frauen und deren Rolle in der Gesellschaft. Sie merken an diesen Zeilen bereits meine Verwirrung und Ratlosigkeit. Als Sohn einer Kindergärtnerin, welche einen reinen Männerhaushalt zu managen hatte, kenne ich die typischen Klischees nämlich gar nicht. Meine Mutter hat stets gearbeitet, sich trotzdem ausreichend um uns gekümmert und meinem Vater bei jeder sich bietenden Gelegenheit Paroli geboten.

Wenn man von Gleichberechtigung spricht und dabei meint, dass Frauen in allen Lebensbereichen aufgrund ihres Geschlechtes nicht benachteiligt werden sollen, dann ist es schon mal ein guter Ansatz, sich die Ausgangslage anzuschauen. Wie sieht es in diesem Land also aus?

Es gibt in Deutschland etwa 50 % Frauen, was beziehungstechnisch schon mal ziemlich sinnvoll ist, da eine sehr viel niedrigere Quote wohl zu Gewalt unter den Männern führen würde. Männer neigen nämlich dazu, etwaige Unstimmigkeiten auch mal mit einem gepflegten Faustkampf auszutragen. Frauen sind da anders, aber dazu später mehr. Diesen 50% Frauen stehen in Deutschland Frauenparkplätze, Frauenbeauftragte, Frauenhäuser, Frauenfitness-Kurse in Frauenfitness-Studios, Frauenquoten, Frauenforschungsprogramme, Frauenratgeber, Frauenzeitschriften, Frauensaunen, Frauenbuchläden, Frauencafés, Frauennetzwerke, Frauenministerien, Frauengesundheitsberichte, Frauenstatistiken usw. usw. zur Verfügung. Aber ist das alles total normal?

Ich möchte, um diese Frage zu beleuchten, einmal ein Experiment wagen! Um sich vor Augen zu führen, wie weit wir in Deutschland und der Welt von einer Gleichberechtigung der Frau entfernt sind, müssen wir uns einfach mal den Ist-Zustand in umgekehrter Form vorstellen. Erst dann wird deutlich, dass es bis zu einer Gleichberechtigung in echtem Sinne noch ein sehr langer Weg ist. Ich schaue in fragende Gesichter, deshalb lassen Sie mich das Ganze an lebensnahen Beispielen illustrieren. Stellen wir uns eine Welt vor, wo sich der Anteil von Männern und Frauen in bestimmten Positionen, wo sich die Bedeutung einzelner Lebensbereiche, wo sich die Gewichtung im Allgemeinen ins Gegenteil verkehrt hat. Um zu begreifen, wie weit die Gleichheit zwischen den Geschlechtern noch Utopie ist, möchte ich Sie mitnehmen auf eine fiktive Reise in das Jahr 2020!

2020 war ein sehr schönes und sehr erfolgreiches Jahr. In der Frauen-Fußball-Bundesliga konnte der

Außenseiter SC Bad Neuenahr in einem fulminanten Endspurt die Deutsche Meisterschaft erringen. 55.000 begeisterte Zuschauerinnen in der Yves Rocher-Arena feierten zum Saisonabschluss einen ungefährdeten 2:0 Sieg gegen Turbine Potsdam, die ohne Weltfußballerin Marta auskommen mussten. Auch in der Formel 1 dominierte eine Deutsche. Christina Surer vom Rennstall Nivea-Mercedes wurde nach 2016 und 2017 zum dritten Mal Weltmeisterin in der Königinnenklasse des Motorsports. Trotz Dauerregen und ungemütlichen Temperaturen (Tief Helmut hatte Süditalien fest im Griff) säumten Tausende Anhängerinnen die Strecke und kreischten Surer zum Sieg.

Auch politisch war 2020 ein bemerkenswertes Jahr. In den Niederlanden wurde erstmals in Europa ein Mann zum Regierungschef gewählt. Marco van Basten, der die Stichwahl gegen Marijke Amado nur denkbar knapp gewann, gilt nunmehr als einflussreichster Mann der westlichen Welt. Die Staatsoberhäupterinnen Europas gratulierten dem Holländer per SMS, Telegramm oder Twitter zu diesem historischen Sieg. Van Basten versprach, die Gleichstellung des Mannes zu einem der Hauptthemen seiner Regierungszeit zu machen. Gerade in den Bereichen Polizei, Justiz und Gewichtheben seien die Männer hoffnungslos unterrepräsentiert. Er wehre sich vehement gegen die Stigmatisierung des Mannes als Haus-, Hof- und Kinderhüter. Diese Rollenverteilung sei obsolet und bedürfe dringend einer Modernisierung. Männerrechtler und Verbände zur Wahrung der Männlichkeit begrüßten diesen Vorstoß van Bastens, auch wenn sie den Begriff „obsolet" nicht recht zuordnen konnten. Die BILD-Zeitung titelte: „Lachnummer van Basten – aus Holland kommt echt nur Käse!" Evolutionsforscherin Jutta Simon erklärte in der Süddeutschen Zeitung, dass der Mann schon genetisch überhaupt nicht in der Lage sei, Führungsaufgaben wahrzunehmen. Seine ureigenste, von der Natur vorgesehene Aufgabe sei die Aufzucht und Beaufsichtigung des Nachwuchses. Sollte es zur Regel werden, dass Männer wieder berufstätig werden oder gar Führungsaufgaben anstreben würden, stehe die gesamtgesellschaftliche Grundordnung vor einer tiefgreifenden Zäsur, so Jutta Simon weiter. Das könne niemand ernsthaft wollen. Schon an der Aufweichung der Zulassungsverordnung in Sachen Bundeswehr könne man sehen, welche fatalen Folgen dieses ungehemmte Emanzipationsstreben einzelner Männer habe. Simon bezog sich dabei auf den Fall Steffen Clemens, der vor dem Bundesverfassungsgericht seine Aufnahme in die Bundeswehr durchgesetzt hatte. Nach ca. 10 Wochen Grundwehrdienst brach Clemens die Ausbildung ab, nachdem er zum wiederholten Male die Schießprüfung vergeigte. Der erste Mann in der Geschichte der kämpfenden Truppe brachte es einfach nicht fertig, einem Reh den Kopf wegzuballern. Dabei handelte es sich um bundeswehreigene Kitze aus der Genforschung. Auch Bundeskanzlerin Eva Herrmann betonte vor dem Parlament noch einmal vehement, dass die Gleichberechtigung von Frau und Mann natürlich Ziel der Bundesregierung sei, diese aber grundsätzlich mit den Normen der Verfassung vereinbar sein müsste. Sie empfinde es nach wie vor als wichtig und richtig, dass der Mann vor Aufnahme einer Berufstätigkeit die schriftliche Erlaubnis seiner Ehefrau benötige. Schließlich könne dieses egoistische Streben nach Selbstverwirklichung den Familienverbund nachhaltig zerstören. Ebenso verhalte es sich mit dem Gesetz zur Zulassung von Männern zu Ehren- und Wahlämtern. Es sei wissenschaftlich bewiesen, dass zu viel Testosteron bei der Besetzung von Posten und Funktionen zu Gewalt, Missgunst und verbalen Entgleisungen führe. Für ihre Rede erntete die Kanzlerin viel Beifall von den Abgeordnetinnen. Diese Sympathiebekundungen taten der Regierungschefin sichtlich gut, nachdem bekannt wurde, dass sie sich fraktionsintern wiederholt für eine Männerquote in typischen Frauenberufen wie Holzfällerinnen, Maurerinnen oder Päpstin stark gemacht hatte. Im Zuge dieser Kampagne der Opposition tauchten auch alte Bilder aus ihrer Bodybuilderinnen-Zeit auf. Sehr unangenehme Geschichte, aber Politik ist nun mal kein Geschäft für zart besaitete Seelen, emotionale Träumerinnen oder eben Männer.

Aber lassen Sie uns auch auf Erfolge bei der Gleichstellung von Frau und Mann im Jahre 2014 blicken. Sehr erfreulich fand ich die Entwicklung bei den türkischen Migranten. Immer mehr junge Männer widersetzten sich öffentlich dem Vollbartgebot und rasierten sich die Gesichtswolle ab. Mit nackten Wangenknochen und glattem Kinn posierten sie für die Aktion: „Ohne Bart trotzdem hart!"

Darüber hinaus muss die Einführung eines Mindestlohns bei den Prostituierten als Sieg der Vernunft eingestuft werden. Tausende von jungen Männern wurden unter zum Teil erbärmlichen Bedingungen von ihren Zuhälterinnen zu Sexdienstleistungen für zahlungskräftige Kundinnen gezwungen. Oft genug kam es zu Übergriffen oder Tätlichkeiten, denen die Männer zumeist schutzlos ausgesetzt gewesen sind. Dies Alles sollte sich durch die Legalisierung der Prostitution jetzt erheblich bessern. Vielleicht haben dann auch endlich diese ekligen und widerwärtigen Lustreisen einiger Vorstandsfrauen und Konzernchefinnen ein Ende. Es bleibt zumindest die Hoffnung, meine Damen und Herren.

Zusammenfassend lässt sich sagen, dass es noch ein sehr weiter Weg bis zur vollständigen Gleichberechtigung des Mannes ist. So lange ein Mann nicht an den Grill darf, Baumärkte als El Dorado hammerschwingender HeimwerkerInnen gelten, Superheldinnen Spiderwoman, Batwoman, Hellgirl, Iron-Woman und Super-Woman heißen, so lange es für

Geburtshelfer, Krankenbruder, Poliboy, Vorzimmer-
herr, Tagesvater und Ballerino keine weibliche Ent-
sprechung gibt, so lange wir Männerparkplätze
brauchen und nicht dafür sorgen, dass Mann gefahr-
los auch durch dunkle Winkel und Ecken in diesem
Land gehen kann, so lange am Himmelfahrtstag betrunkene Frauen in Gruppen durch unsere Wälder
ziehen, während sich die Männer um die Kinder
kümmern müssen, so lange sich in Kneipen erstaunt
umgedreht wird, wenn sich eine Gruppe von Männern an die Theke setzt, so lange in Rap-Songs gold-
behangene Frauen mit zutätowierten Gesichtern und
männerverachtenden Songs große Charterfolge fei-
ern, so lange Frauen lieber vor der Playstation oder
dem Fernseher abhängen, statt sich um den Haushalt
zu kümmern, so lange gestandene Weibsbilder wild
in der Gegend herumurinieren, so lange Zigaretten-
werbungen und romantische Western von der ein-
samen Reiterin dominiert werden, die mit Schießei-
sen in der Hand und Kippe im Mundwinkel tagelang
durch die Weiten der Prärie reitet, so lange bei Preis-
verleihungen immer wieder betont wird, dass dies
der erste Mann in der Geschichte dieser Ehrung sei,
dem diese Plakette verliehen wird und so lange die
wenigen männlichen Politiker nur auf ihr Äußeres
reduziert werden … so lange sind wir auch 2014
noch Lichtjahre von einer Gleichheit der Geschlech-
ter entfernt.

Und wer das jetzt alles amüsant, übertrieben oder gar surreal findet, der sollte für die weiblichen einfach männliche Bezeichnungen einfügen. Dann wird aus diesem ganzen Unsinn plötzlich ... TOTALE NORMALITÄT!

Ach so, eines zum Schluss: Wenn die Welt von Frauen regiert werden würde, gäbe es keine Kriege mehr, die Länder würden einfach nicht mehr miteinander sprechen.

Oder, wie es mein geschätzter Kollege Till Reiners auf den Punkt brachte: Gleichberechtigung heißt nicht, dass Frauen alles so gut wie Männer machen können, sondern dass sie alles genauso schlecht machen dürfen.

Headline

Ich habe lange überlegt, ob ich diesen Schritt tatsächlich wagen soll. Freunde, Bekannte und Familienmitglieder haben mir während meiner aktiven Laufbahn davon abgeraten. Meine PR-Agentur meinte jedoch, dass jetzt genau der richtige Zeitpunkt sei, um mit diesem Outing an die Öffentlichkeit zu gehen.

Mein Name ist Thomas Kraushaar. Ich bin 38 Jahre alt und ehemaliger Dressurreiter der deutschen Nationalmannschaft. Ich habe erfolgreich an 3 Olympischen Spielen und zahlreichen Welt- und Europameisterschaften teilgenommen. Hier und heute möchte darüber informieren, dass ich heterosexuell bin. Nach vielen Jahren kann ich es mir nun eingestehen. Ich lebe lieber mit einer Frau zusammen.

Mir ist bewusst, dass ich mit diesem Schritt viele Menschen vor den Kopf stoßen werde. Schließlich ist die Liebe zwischen Mann und Frau gerade in der Welt des Dressursports zunehmend ein Tabu geworden. Die Medien berichten über gleichgeschlechtliche Paare, über deren Hochzeiten, über deren Outings, über deren Adoptionen und vor allem über deren Partyleben. Schon seit einiger Zeit fühlte ich mich mehr und mehr ausgegrenzt, weil ich volle Lotte auf Brüste abfahre. Als Mann wird man doch gesellschaftlich geächtet, wenn man zugibt, dass so ein knackiger Frauenhintern sexuelle Gelüste hervorruft.

Natürlich schmeichelt es mir ein wenig, dass ich jetzt bei Markus Lantz, Maybritt Illner, Günter Jauch, Domian und der Muppet Show zu Fernsehauftritten eingeladen worden bin. Ich möchte aber auch dort die Chance nutzen, anderen Männern Mut zu machen. Heterosexualität ist kein Grund, sich zu schämen.

Also, liebe Menschen da draußen an den Empfangsgeräten, ich bin dieses ewige Versteckspiel einfach leid. Ich möchte so akzeptiert werden, wie ich bin. Als heterosexueller Dressurreiter. Als Pferdenarr, der gern reitet, aber auch sehr gern mal von einer Frau geritten wird.

Einige werden sich fragen, warum ich dieses Outing erst jetzt, nach meiner internationalen Karriere im Pferdesport, wage. Nun, gerade in der Dressur herrscht ein unglaublicher Druck auf uns Aktive. Trainer, Sponsoren, Funktionäre und nicht zuletzt die fanatischen Fans wollen nicht nur perfekte Leistungen und überragende Ergebnisse sehen, sie fordern auch einen gesellschaftskonformen Verhaltenskodex. Ich hatte einfach Angst um meine sportliche Perspektive und letztlich auch um meine wirtschaftliche Existenz. Ich kann doch nur reiten. Etwas anderes habe ich nie gelernt.

In den letzten Jahren fiel es mir immer schwerer den Schein zu wahren. Nach jeder gewonnenen Medaille umarmte ich meine Mannschaftskameraden, lag in ihren Armen, sieges- und freudetrunken. Doch mein

Herz war vollkommen leer. Ich fühlte nichts dabei. Meine Gedanken kreisten einzig und allein um Anja, die schöne Tierpflegerin. Unsere Beziehung konnten wir nicht offen leben. Ich musste stets mit den anderen Reitern im Mannschaftshotel übernachten, mir mit Jobst von Greiningen ein Zimmer und sogar das Doppelbett teilen. Irgendwann hielt ich es nicht mehr aus und schlief im Stall bei den Pferden. Der Mannschaft sagte ich offiziell, dass Jobst zu laut schnarche und ich keinen Schlaf finden konnte. Inoffiziell erzählte ich allen, dass er ständig furzt und der Gestank unerträglich war. Jobst bekam dann ein Einzelzimmer und ich musste zu Trainer Rainer Sockemühle ins Zimmer. Das war die schlimmste Zeit für mich. Jeden Abend kam er mit seinem schlaffen, alten, grauen adipösen Männerkörper aus der Dusche und stellte sich nackt vor den mannshohen Zimmerspiegel. Dann schlug er sich ein paar Mal auf den prallen Bauch und grinste dabei so komisch. Ich zog mir die Decke bis unters Kinn und stellte mich schlafend. Es war die Hölle.

Nun bin ich froh und erleichtert, diesen Schritt in die Öffentlichkeit gewagt zu haben. Mit einem derartigen Medienecho hätte ich allerdings niemals gerechnet. Ich kann nur hoffen, dass ich durch mein Outing auch anderen heterosexuellen Männern und Frauen Mut gemacht habe, offen und selbstbewusst mit ihrer sexuellen Ausrichtung umzugehen. Gerade jetzt, kurz vor den Olympischen Winterspielen in Sotschi, halte ich es für wichtig, dass wir uns offen dazu bekennen, wenn Mann und Frau sich lieben. Es sollte genauso normal und selbstverständlich sein, wie die Liebe zwischen Mann und Mann oder Frau und Frau. Noch mehr würde ich mir allerdings wünschen, dass solche Outings zukünftig überhaupt keine Sau mehr interessieren. Denn letztlich ist es die Privatsache eines Jeden, wen er warum und weshalb liebt und mit wem er wo und wieso intim wird, solange es sich dabei um erwachsene Menschen handelt. Und, liebe Freunde, es sollte auch keine Rolle spielen, ob es sich bei den Outings um prominente Fußballspieler, selbstverliebte Schlagersänger oder Erna Müller aus der Querstraße handelt. Letztlich sind wir doch alle gleich. Wir kommen nackt und mittellos auf die Erde und verfallen am Ende nackt und mittellos zu Staub. Dass wir in der Zwischenzeit lieber mit einer Frau oder mit einem Mann oder mit mehreren Männern und vielen Frauen unser Dasein verbracht haben, sollte für die Beurteilung unseres Lebens keine Rolle spielen. Viel wichtiger ist doch, was der Einzelne tatsächlich für ein Typ war. Die Guten werden wir vermissen, egal ob sie homo- oder heterosexuell waren. Oder wie singen Simon und Jan so schön:

Auch lesbische, schwarze Behinderte können ätzend sein!

Blattschuss

Mein Vater, Christiano Ronaldo und die Anbauwand

Ich erinnere noch gut den Abend, an dem die Meldung über den Bildschirm flimmerte, dass Christiano Ronaldo für die Rekordablöse von 94 Millionen Euro Manchester United in Richtung Real Madrid verlassen würde. Wie bei allen Fußballgroßereignissen saßen auch an diesem 21. Spieltag der Bundesliga die männlichen Vertreter der Familie Bartels vor dem Fernseher, um fachmännisch und zuweilen zynisch über die Balltretkünste unserer Elitesoccer zu urteilen. Dieser eine Abend sollte allerdings als Zäsur in die Annalen unserer Sippe eingehen. Nie zuvor und auch nie wieder danach berichtete der ehemalige DDR Liga-Fußballer Reinhold Bartels, also mein Vater, so offen und schonungslos über das Transfergebaren in der ehemaligen Arbeiter- und Bauernrepublik.

„94 Millionen Euro", begann er seine Wutrede, „das sind fast 200 Millionen Mark oder ... also ... wenn man das mal vergleicht ... dann ist das ... von der Größenordnung her ..."

„ ... entspricht das fast dem Staatshaushalt von Afghanistan", ergänzte mein Bruder, der in Lüneburg irgendetwas Unaussprechliches mit Wirtschaft studiert hat, jetzt aber einer ehrbaren Beschäftigung nachging.

„ … oder 58.750.000 Biere bei Toni!" Was uns überraschte war nicht etwa die Tatsache, dass mein Sohn trotz seiner schlechten Drei in Mathe diese Rechnung im Kopf ausübte, sondern vielmehr der Umstand, dass er erst 11 Jahre alt war.

Ich versuchte deshalb, das Gespräch wieder in die eher sporthistorische Richtung zu lenken.

„In der Süddeutschen Zeitung stand, dass Michel Platini diese Ablösesumme für größenwahnsinnig und absurd hält, während Sepp Blatter daran nichts Kritikwürdiges zu sehen vermag."

„Ja und", antwortete mein Vater und fuchtelte wild mit der Fernbedienung in der Luft herum, „der Platini, das war eben ein großartiger Fußballer, ein Weltstar, ein Virtuose am Ball und der Blatter ist dagegen … nun also … der ist halt … ein Schweizer! Die haben ohnehin ein etwas komisches Verhältnis zum Geld. Zu meiner aktiven Zeit in der DDR waren Vereinswechsel noch geprägt vom mittelalterlichen Tauschhandel. Da gab es keine Manager, Spielerberater oder Sportagenturen, die den Spielern erklärten, wie man sich die Schuhe zubindet. Ich musste ganz alleine verhandeln und das Beste rausschlagen. Und ich fing sehr bescheiden an, das kann ich euch flüstern. Als 18-jähriger habe ich meinen Wechsel zu Lok Stendal am Strand der Insel Usedom perfekt gemacht. Damals schickten wir die DDR-Liga-Mannschaft aus der Altmark mit einer Freizeittruppe auf Sand in den Staub. Der Betreuer fragte mich danach, ob ich nicht Lust hätte, in der DDR-Liga zu spielen. Neben einer Neubauwohnung und einer Arbeitsstelle im Reichsbahnausbesserungswerk legten sie auch noch einige Gutscheine für Freifahrten mit der Eisenbahn obendrauf. Ein super Angebot. Wir haben das an Ort und Stelle per Handschlag besiegelt. Ich unterschrieb dann einen Arbeitsvertrag und wurde als Schlosser eingesetzt. Das hatte ich zwar nie gelernt, aber wir sollten ja auch Fußball spielen und nicht den ganzen Tag arbeiten. Einige Jahre später habe ich bei Stahl Hennigsdorf angeheuert. Natürlich legte ich, was den Marktwert betraf, einiges zu und deshalb gab es neben der obligatorischen Neubauwohnung noch eine Waschmaschine. Das war damals Luxus. Normalerweise wurde noch mit Kernseife und Reibebrett an den heimischen Bächen und Flussläufen gewaschen. Lasst es mich mal so formulieren: Mit einer Waschmaschine, da war man gewissermaßen privilegiert. Mein Arbeitsplatz war das Arbeiterwohnheim des Stahlwerkes von Hennigsdorf direkt neben dem Stadion. Da es bereits einen richtigen Hausmeister gab, wurde ich so etwas wie Hausmeister ehrenhalber. Wenn ich mich recht erinnere, habe ich während der ganzen Saison zwei Schlösser ausgewechselt und gelegentlich eine Glühbirne ersetzt. Von Stahl Hennigsdorf ging es Ende der 70er Jahre in die Bezirksliga zur BSG Chemie Velten. Mit chemischen Produkten konnte ich nichts anfangen und eine Neubauwohnung hatten wir bereits, deshalb habe ich mir den Vereinswechsel einfach mal mit zweitausend Mark versüßen lassen. In der Vorbereitung auf die neue Saison schoss ich dort annähernd 40 Tore und am Ende verpassten wir den Aufstieg nur ganz knapp. In Velten spielten damals sogar ehemalige Oberligaspieler wie Wolfgang Strübing mit. Muss man sich mal vorstellen. Das war in etwa so, als hätte Lothar Matthäus seine Karriere beim SC Fürstenfeldbruck ausklingen lassen. Zu Beginn der 80er Jahre bin ich von Karl Schäffner angesprochen worden. Der trainierte damals die BSG Stahl Brandenburg und galt als einer der erfolglosesten Vereinstrainer der Republik. Der Mann war mit seinen Mannschaften bis dahin entweder abgestiegen oder hatte es wenigstens geschafft, die Vorjahresplatzierungen zu verschlechtern. Als die Anfrage kam, habe ich sofort zugesagt. Wir zogen wieder in eine Neubauwohnung und ich wurde als Schlosser beim Stahlwerk Brandenburg beschäftigt. Die Berufserfahrung hatte ich schließlich bereits in Stendal gesammelt. Wir arbeiteten von Zeit zu Zeit auf dem Sportgelände - also eigentlich nur, wenn wir verloren haben. Bei den Verhandlungen erreichte ich, dass wir uns eine Couchgarnitur mit zwei Sesseln aussuchen durften. Zusammen mit der Waschmaschine stießen wir damit in die Oberschicht vor, die es in der DDR offiziell natürlich nicht gab. War eine schöne Zeit in Brandenburg. Trotzdem verließ ich den Verein und wechselte ein letztes Mal innerhalb der DDR-Liga.

Die BSG Landbau Bad Langensalza lockte mich nach Thüringen und wir vervollständigten unseren Hausstand mit einer nagelneuen Anbauwand. Nach fast 10 Jahren DDR Liga-Fußball hatte ich es endlich geschafft. Ich hatte uns mit Mut, Flexibilität und knallhartem Verhandlungsgeschick eine Neubauwohnung mit kompletter Einrichtung besorgt. Von den ganzen Prämien, Sonderzuwendungen und Zulagen kaufte ich schließlich noch einen Trabant für 20.000 Mark auf dem Schwarzmarkt. Damit waren wir auf dem Zenit angekommen. Viel mehr konnte man als Zweitliga-Fußballer nicht erreichen."

Zufrieden blickte mein Vater in die Runde. Wir anderen schauten uns gegenseitig an und mussten laut lachen.

„Mit einer Anbauwand waren wir also auf dem Zenit angekommen?", fragte mein Bruder noch einmal grinsend nach.

„Mit der Kohle aus dem Ronaldo-Transfer kannst du wahrscheinlich eine x-beliebige deutsche Möbelhauskette aufkaufen. Du musst zugeben, dass der Zenit doch noch etwas weiter oben angesiedelt ist", legte ich nach.

„Da sieht man mal, dass ihr beiden Traumtänzer nichts vom Leben gelernt habt. Kein Wunder, dass es bei euch nur zur Bezirksliga gereicht hat. Das Ganze muss man nämlich einfach mathematisch betrachten", entrüstete sich unser Familienoberhaupt.

„Aber Opa, auch mathematisch betrachtet, dürften 94 Millionen Euro mehr sein als eine Anbauwand aus polnischem Tropenholz", erklärte mein Sohn und nickte siegessicher.

„Siehst du, kleiner Mann, und deshalb hast du auch nur eine Drei in Mathe. Hier kommt es nämlich nicht auf die absoluten Zahlen sondern auf das Verhältnis zueinander an. Ronaldo wechselte mit 18 Jahren für 17,5 Millionen Euro zu Manchester United. Jetzt auf dem Höhepunkt seiner Karriere ist er 94 Millionen wert. Damit hat sich sein Marktwert um das 5,4-fache erhöht. Ist nicht schlecht, reicht aber niemals an meine Wertentwicklung heran. Als 18-jähriger Bursche wechselte ich für eine Neubauwohnung und ein paar Freifahrten der Deutschen Reichsbahn nach Stendal. Die Freifahrten hatten einen Wert von etwa 400 Mark. Auf dem Höhepunkt meiner Laufbahn gab es in Bad Langensalza neben der Neubauwohnung noch eine Anbauwand im Wert von 5.000 Mark dazu. Rein rechnerisch habe ich damit meinen Marktwert um das 12,5-fache gesteigert. Verstanden? Wenn ihr Ronaldos Transfersummen mit damals vergleichen wollt, dann könnt ihr wiederkommen, wenn ein Verein rund 220 Millionen Euro für ihn auf den Tisch blättert."

Jetzt sah uns der alte Flügelflitzer belustigt dabei zu, wie wir dicke Backen machten und nach einigermaßen schlagkräftigen Argumenten suchten, die seine abenteuerliche These widerlegen konnten. Uns fiel nicht sonderlich viel ein. Natürlich konnte man keinen Vergleich zwischen dem Transfergeschäft in der heutigen, modernen Fußballgeschäftswelt und den einstigen „Arbeitsplatzwechseln" im BSG-Fußball der DDR anstellen. Aber zwei Schlüsse konnte man aus dieser Diskussion doch ziehen: 1. Eine Anbauwand mag nicht für jeden die Erfüllung aller Träume sein, aber sie ist auf jeden Fall realer als 94 Millionen Euro und 2. Mein Vater hat vielleicht nicht immer die richtigen Entscheidungen getroffen, aber er war ein verdammt guter Fußballer.

Wenn wir hier nicht gewinnen, treten wir ihnen wenigstens den Rasen kaputt (Teil 1)

Amateur-Fußball kann grauenhaft, schmerzhaft, ja zuweilen sogar gruselig sein. Aber es gibt eine Sparte teutonischen Balltretens, die sämtliche Ästhetik ad absurdum führt. Ich spreche vom Altherren-Fußball. Es gibt nichts Unwürdigeres als hüftsteifen Mittvierzigern dabei zuzusehen, wie sie versuchen, das runde Spielgerät in angemessener Geschwindigkeit über den Rasen zu treiben.

Das ganze Drama beginnt bereits in der Umkleidekabine. Sobald man die Tür zu einer dieser gefliesten Barracken aufreißt, schlägt einem ein infernalischer Gestank aus Kräutertinkturen, Sportsalben, Franzbranntwein und Bier entgegen, der sich sofort als zentimeterdicke Emulsion über die angeschlossenen Atmungsorgane legt. Altherrenfußballer brauchen nachweislich wesentlich länger zum Umziehen als ein Teenager vor dem Diskobesuch. Das liegt zum einen an der nachlassenden Beweglichkeit und zum anderen an dem Umstand, dass die ergrauten Flügelflitzer etwa 12 Bandagen, 17 Tapes und 23 verschiedene Wadenwickel anlegen müssen.

Gleich nach dem Anpfiff erfolgt der verzweifelte Versuch, die vor sich hin kriechende Lederpille noch vor der Seitenauslinie zu erreichen. Es ist ein schmerzhaftes Schauspiel. Die etwa 150 kg Lebendgewicht von Klaus Bebenbrenner nähern sich in Zeitlupentempo dem fast zum Erliegen gekommenen zarten Fußbällchen. Klaus schnauft, röchelt und transpiriert vor sich hin. Langsam, aber stetig, bewegt er sich auf die Bande zu, auf der das Bestattungsinstitut Pachulski seine Werbung platziert hat. Die Gesichtsfarbe des Mittelfeldstrategen Bebenbrenner wechselt von rot zu lila mit blassrosa Flecken und man hofft inständig, dass er nicht vor der Bestattungsfirma-Reklame seinen letzten Atemzug vollführt. Bebenbrenner bleibt nach diesem kämpferischen Einsatz erst einmal hinter der Seitenauslinie liegen. Als er kurz vor der Halbzeit wieder zu Atem gekommen ist, beschwert er sich als erstes bei Horst Liebenburg, der den völlig missglückten und für einen Mann mit äußerst schwerem Knochenbau unerreichbaren Querpass gespielt hatte. Es entwickelt sich daraufhin eine sehr, sehr, sehr emotionale Diskussion zwischen den beiden Experten. Während Liebenburg meint, dass die Sprintfähigkeit Bebenbrenners der einer Wanderdüne in der Sahara entspreche, kontert Bebenbrenner mit dem Hinweis, dass man Liebenburg die Beine wohl verkehrt herum in den Arsch gesteckt habe, wie sonst könnte jemand so beschissene Pässe spielen.

Das ist für den Altherren-Fußball eine völlig normale Begebenheit. Die Arthrose geplagten Kicker wissen theoretisch eben ganz genau, wie das Alles auszusehen hat, alleine es fehlt an den körperlichen Mitteln, um die Weisheiten in der Realität umzusetzen. Beim Altherren-Fußball gilt die alte Skat-Weisheit: Was liegt, das liegt! Jede Grätsche, jedes Foulspiel, jeder Flugkopfball führt dazu, dass man die nächsten 10 Minuten in Unterzahl spielen muss, weil das morsche Gerippe des Mitspielers zuerst sortiert, gerichtet und schließlich mit unglaublichem physischen Einsatz wieder in die Senkrechte befördert werden muss. Altherren-Fußball ist wie ein abgelaufenes Glas Gurken, man weiß zwar, dass sie irgendwann mal gut waren, benutzt sie jetzt aber lieber als Maulwurfsbekämpfungsmittel. Altherren-Fußball ist der beste Beweis dafür, dass es im Leben Bereiche gibt, in denen Senioren definitiv nur scheiße aussehen können.

Zum Beispiel diese Spots im nächtlichen Sportfernsehprogramm, wo sich 70-jährige Omas lasziv auf einer Biedermeier-Couch räkeln und um Anrufe potenter junger Männer betteln, weil sie so unglaublich heiß sind. Dabei kneten sie ihre faltigen Hängebrüste und schieben mit der Zunge die dritten Zähne vor und zurück.

Oder auch im HipHop-Geschäft. Man will einfach keine siebzigjährige Silberlocke auf der Bühne sehen, dessen Stoff-Hose in den Kniekehlen hängt, der mit einem Skateboard hin- und herfährt und dabei voll tight über seine Homies ... äh ... Omis rapt, die ganz krass steil gehen und den Kern seiner Hood bilden.

Es wirkt ziemlich albern, wenn MC Rente dann sein Hemd auszieht, die Schusswunde aus dem zweiten Weltkrieg zeigt und einen Rhyme über die Gewalt in seiner Straße bringt.

Nein, das Alles will ich nicht sehen. Senioren sollen keinen Fußball spielen. Ihre Aufgabe ist es, am Spielfeldrand zu stehen, sich über die Bande zu lehnen, die Pulle Bier in der einen und den Krückstock in der anderen Hand und dann mit kräftiger, aber brüchiger Stimme einzelne Spieler anzubrüllen:

„Nee, nee, nee, höre, früher ja, früher, da sind wir gerannt, bis sich das Blut im Mundraum gesammelt hat. Da haben wir einen Schienbeinbruch gleich auf dem Rasen gerichtet und dann weitergespielt. Da wurde der Gegenspieler nicht gefoult, sondern arbeitsunfähig getreten. Wir haben noch mit Straßenschuhen auf Ascheplätzen gebolzt, ach was sage ich, barfuß haben wir gespielt, auf einem Minenfeld aus dem 2. Weltkrieg, jawoll, mit einem Ball aus Schweinsleder, Kerl, ich sage dir, wenn es geregnet hat, dann wurde das Ding schwer wie eine Bleikugel. Aber uns hat das nichts ausgemacht, wir hatten wenigstens noch einen Schuss, nicht so wie die Flaschen heute. Früher, da hat sich der Torwart beide Hände gebrochen, wenn er den Ball abwehren wollte. Apropos Torwart, wenn der damals einen richtigen Abschlag gemacht hat, dann flog die Pille so hoch und so weit, da lag dann Schnee drauf, wenn das Ding wieder runterkam. Das ist doch heute alles was für

Weicheier, Warmduscher und Beckenrandschwimmer. Wenn ich das schon sehe, 11 Mann auf einem Haufen, ich sage dir, damals ja, damals da sind wir gegen solche Gegner extra nur zu sechst aufgelaufen. Wir wurden auch nicht ausgewechselt, sondern auf dem Spielfeld begraben. Schau dir dieses Drama doch mal an, Kurt, da hätte ich mir damals ein Bein hochgebunden und wäre immer noch schneller gewesen. Wo die den Fuß zurückziehen, dann sind wir früher mit dem Kopf hingesprungen. Das hat hier doch nichts mit Fußball zu tun. Ich sage euch eins, wer bei uns früher mit 30 noch beide Knie bewegen konnte, hat nie richtig Fußball gespielt. Zieht euch doch gleich rosa Tüllkleider an und geht Wattebäusche schubsen, ihr Pfeifen. Hey, du da mit der 7 … höre, wenn dir schwarz vor Augen wird, dann bist du eingeschlafen!"

Und eins sage ich euch: Da ist es mir völlig egal, dass ich ganz genau weiß, dass dieser Schreihals in seiner Jugend Bezirksmeister im Standardtanz war.

Wenn wir hier nicht gewinnen, treten wir ihnen wenigstens den Rasen kaputt (Teil 2)

„Hol ihn dir, Kevin-Justin! Na los, geh da mal richtig ran! Schneller, mein Junge, zeig ihm was eine Harke ist!"

Es war eine gar zu liebliche Stimme, die sich röhrend in den Luftschichten des Schnackenstedter Fußballplatzes verfing. Auf dem Rasen kämpften zwei Horden 9-jähriger Jungen und Mädchen um Punkte in der 1. Kreisklasse der E-Junioren. Unterstützt … ähm, nein, … also angetrieben wurden sie dabei von etwa 40 menschenähnlichen Wesen, die man grob in Mütter, Väter, Omas und Opas unterteilen konnte. Irgendwo auf der anderen Seite standen der Trainer und seine zwölf Betreuer, und versuchten verzweifelt, einzelnen Mannschaftsmitgliedern spieltechnische Anweisungen zu geben. Das hörte sich in etwa so an:

„Leon, was machst du hier? Du spielst im linken Mittelfeld. Links, hörst du? Links ist da drüben, wo dein Vater gerade Bier säuft."

„Marvin, hör endlich auf Gänseblümchen zu pflücken. Das hier ist Fußball. Versuche wenigstens dem Gegner im Weg zu stehen."

„Marvin II, zieh dir bitte die Hose wieder hoch. Du kannst in der Halbzeit pinkeln gehen."

„Kevin-Justin, wo läufst du denn hin? Da drüben spielt die F-Jugend, das ist ein anderes Spiel."

„Schiri, hast du Tomaten auf den Augen, das war ein klares Handspiel. Das gibt es doch gar nicht. Zieh dir doch gleich ein blaues Trikot an, wenn du schon die ganze Zeit gegen uns pfeifst."

Das Spiel lief gerade 3 Minuten und der Schiedsrichter - das war ich. Diese undankbare Aufgabe übernahm grundsätzlich ein Elternteil der Heimmannschaft. Mich hatte man mit dem Hinweis zum Schiedsrichter bestimmt, dass ich bei Poetry Slams doch auch immer beschimpft und ausgepfiffen werde. Ich sei das also sozusagen schon gewöhnt und viel schlimmer könnte es bei einem E-Junioren-Fußballspiel doch wohl kaum werden. Diese Ansicht kann man teilen, muss man aber nicht. Insbesondere dann nicht, wenn das Muttertier von Kevin-Justin zur lebenden Seitenbegrenzung des Spielfeldes gehört. Mama Ramona war ... freundlich ausgedrückt ... die weibliche Ausgabe von Dirk Bach. Die natürliche Erdanziehung ließ sie kurz nach Spielbeginn auf die XXL-Kühltruhe sinken, wo sie das Bier für Papa, die kleinen Piccolos für sich selbst und die Zehnerpackung Milchschnitte für Außenstürmer Kevin-Justin aufbewahrte. Der hatte sich gerade mit beherztem Ellenbogeneinsatz den Ball auf dem anderen Spielfeld gesichert und trieb die Kugel zielsicher in Richtung gegnerisches Tor. Auf dem von mir zu kontrollierenden Rasenabschnitt hatte sich ein Rudel aus allen Feldspielern gebildet, die scheinbar den Ball unter sich begraben hatten. So genau war das nicht auszumachen. Das galt allerdings nur für mich. Die anwesenden Hooligans sahen dagegen jedes versteckte Foul, jedes absichtliche Handspiel und jede glasklare Abseitsstellung. Mein gutgemeinter Hinweis, dass in dieser Altersklasse noch ohne Abseits gespielt werde, kommentierten einige Väter mit

„Schiri, wir wissen, wo dein Auto steht ..."

Es folgten allgemeines Gelächter und neue Biere. Mama Ramona hatte Kevin-Justin wieder auf unser Spielfeld dirigiert und rief ihm freundlich zu:

„Nun mach schon, Junge! Wenn dir schwarz vor Augen wird, dann bist du eingeschlafen!"

Schwer atmend richtete sich der Koloss auf und für einen kurzen Moment sah es so aus, als hätte sie eine XXL-Kühltruhe ausgebrütet. Wenn Ramona jemals in ihrem Leben Sport getrieben hatte, dann war das lange her. Sehr lange! Dafür schien sie sporttheoretisch ein absoluter Fachmann ... äh Fachfrau ... also, sie schien da ein fundiertes Wissen zu besitzen. Jedenfalls erklärte sie den umstehenden E-Junioren-Ultras, dass die Mannschaft einfach zu defensiv und statisch agiere. Die Jungs müssten im Training einfach mal ein wenig Kondition bolzen und Sprinttraining, ja, so ein Schnellkraftzeug, das müsste man natürlich auch mal einbauen. Sie habe das mal im Fernsehen gesehen. Am besten wirke ein Kniehebelauf mit Bleiweste im tiefen Sand. Danach wäre die Mannschaft fit wie noch nie.

Eine Gruppe von Vätern hatte es sich indes neben dem gegnerischen Tor bequem gemacht und brüllte abwechselnd irgendwelche Allgemeinplätze in die Atmosphäre.

„Mehr schießen, ihr müsst mehr aufs Tor schießen. Der Fliegenfranz hier hinten hält doch keinen Ball fest."

„Marvin bleib auf der Außenbahn. Und wenn du den Ball hast, immer schön reinflanken."

„Enger an die Leute ran! Ihr steht viel zu weit weg. So kommt ihr doch überhaupt nicht in die Zwei-kämpfe."

„Spielen, ihr müsst mehr spielen. Nicht zu viele Ein-zelaktionen."

„Marvin II, zieh dir die Hose wieder hoch und dann erkämpfe dir endlich mal die Murmel. Das kann man ja nicht mit ansehen. Was lernt ihr denn überhaupt beim Training?"

Und darauf ich:

„Vielleicht lernen sie Kameradschaft, Fairness und Spaß an der Bewegung. Vielleicht lernen sie, dass sich Erfolg nicht immer an Ergebnissen messen lässt."

Der Vater von Marvin II glotzte mich blöd an. Ein anderer fing an zu grölen:

„Schiri, wir wissen, wo dein Auto steht …"

Es folgten Gejohle und neue Biere.

Kurz vor Spielschluss rannte ein Junge der gegnerischen Mannschaft alleine auf unser Tor zu und versenkte die Kugel geschickt ins linke Eck. Keine Chance für den Torwart. Und alles in allem nicht unverdient. So konnte man das sehen, musste man aber nicht. Vor allem dann nicht, wenn man Ramona heißt, wie in Trilobal gegossenes Mettgut aussieht und vor allem ergebnisorientiert denkt.

„So eine Scheiße, verfickt nochmal. Ausgerechnet der blinde 7er! Das ganze Spiel hat der nichts auf die Reihe bekommen und dann schießen sie ihn in der letzten Minute an. Der schöne Tabellenplatz 3 ist jetzt erstmal dahin. Und du" – dabei zeigte sie auf mein Antlitz –„ du hast gepfiffen wie das letzte Arschloch dieser Nation. Zwei Minuten Nachspielzeit. Du hast ja wohl einen Vogel. Das hat uns das Unentschieden gekostet."

„Ja" – sage ich –„Aber wer kein guter Verlierer ist, ist meist auch kein guter Gewinner!"

Mutter Ramona glotzt etwas begriffsstutzig und kreischt dann: „Hääääääääää????"

Ich verdrehe die Augen und erkläre ganz ruhig:

„Na ja, es ist doch so: Der Sieger hat immer einen Plan, der Verlierer immer eine Ausrede."

Extrem

Ich habe gestern Morgen festgestellt, dass ich alt bin. Mit 37 Jahren habe ich statistisch gesehen die Hälfte der Lebenszeit eines durchschnittlichen deutschen Mannes hinter mir. Und, da beißt die Maus kein Faden ab, es hat sich dabei um die eindeutig bessere Hälfte des irdischen Daseins gehandelt. Hinter mir liegt volles Haar, muskulöser Körper, makelloses Gebiss, erster Kuss, erster Job, erste eigene Wohnung, erstes eigenes Auto. Vor mir sehe ich erste Prostata-Untersuchung, erstes Rollatoren-Verkaufsgespräch und das erste Überlegen bei einer Viagra-Spam-Mail, ob man das Zeug vielleicht nicht doch gebrauchen könnte. Alle wirklich tollen, unglaublichen Dinge habe ich jetzt schon das erste Mal erlebt. Was bleibt jetzt noch, also für die zweite Hälfte meine ich. Nach intensivem Nachdenken ist mir aufgefallen, dass ich bislang ziemlich risikoarm durch meine Lebenszeit geschlendert bin. Es wurde deshalb Zeit, Zeit für ein bisschen Nervenkitzel, für einen Adrenalinschub, für Gänsehaut auf dem Nasenrücken. Ich stellte mich vor den Spiegel, legte die Zahnbürste beiseite und rief es laut in die Welt hinaus: „Ja, ich bin bereit für ein neues Kapitel in meinem Leben, bereit meine Gesundheit aufs Spiel zu setzen, bereit für Abenteuer und Grenzerfahrungen! Ich werde mich den Gefahren dieses Extremsports aussetzen, ohne an höhere Krankenkassenbeiträge oder Risikozuschläge bei der Lebensversicherung zu denken. Die angsterweiterten Augen meiner Frau und der Kinder werden mich nicht abhalten, nein, denn ich werde es tun, ich werde in der Stadt Radfahren!"

Nun sollte man wissen, das Radfahren nicht gleich Radfahren ist. Nehmen wir als Beispiel einmal die gedopten Schlaffsäcke bei der Tour de France. Die fahren mit ihren weltraumerprobten Carboneseln zwar mit durchaus annehmbaren Geschwindigkeiten durch die westgotischen Landesteile, verlangen aber vom Veranstalter, dass man die Straßen, Wege und Plätze vorher von anderweitigen Verkehrsteilnehmern säubert. Eine zweite Randgruppe sind die sogenannten Radwanderer. Ausgerüstet mit speziellen Radwanderkarten, einem GPS-Computer in der Größe eines Agentenkoffers am Lenker, bekleidet mit Funktionsradfahrkleidung aus dem Jack Wolfskin-Trend- und Designkatalog und zur Krönung des Ganzen auch noch mit einem aerodynamischen Helm auf dem Kopf sehen sie fast genauso abartig albern aus wie die ihnen artverwandten Nordic Walker. Am schlimmsten sind aber die Leute, die sich ein Elektrobike kaufen. Die fahren mit einer riesigen Batterie spazieren und müssen nur noch halb so viel strampeln wie ein durch fragwürdige Gentests vollkommen beinloser Hamster in seinem Laufrad. Solche Pussys holen auch die extra streichzarte Margarine aus dem Kühlschrank, weil sie zu faul sind vom gelben **Granitbutterblock** in filigraner Schnitzkunst einzelne Flocken auf die Scheibe Brot zu raspeln. Diese ganzen Pfeifen haben nichts, aber auch gar nichts mit der Disziplin am Hut, die ich auszuüben gedenke. Das Extremradfahren erlernt man am besten in Großstädten mit hoffnungslos unterdimensionierter Infrastruktur. Wenn sich Autos, Fußgänger und andere Verrückte schmale Asphaltstreifen teilen müssen, wird es dem Extremradfahrer warm um das vergrößerte Sportlerherz.

Zum Auflockern meiner altersschwachen Muskulatur betrieb ich zunächst entspanntes Kurven- und Schlangenlinienfahren in schwer einzusehenden Kreuzungsbereichen, vor Tankstellenausfahrten und auf Supermarktparkplätzen. Bei einem gelungenen Bremsmanöver konnte ich das Weiß in den Augen des Autofahrers durch die Windschutzscheibe deutlich erkennen. Das Gesicht zur Faust geballt lachte ich laut und gehässig und winkte einzelnen Fans mit dem Mittelfinger.

Zur Verbesserung der eigenen Technik bieten sich Fahrten im mittleren Tempobereich auf dem Bürgersteig vor der Notaufnahme des nächstgelegenen Krankenhauses an. Durch geschicktes Abstoppen und Beschleunigen versuchte ich, den heranrasenden Notarztfahrzeugen den Weg abzuschneiden. Hin- und hereilende Ärzte, Schwestern und sonstiges Krankenhauspersonal bemühten sich gemeinsam, mich vom Rad zu reißen. In solchen Situationen empfiehlt sich die Verwendung einer handelsüblichen Luftpumpe. Nach meiner Erfahrung waren Schläge auf das Nasenbein und die Ohren besonders effektiv. Wer gegenüber dem Schlagen gewisse Vorbehalte hegt, kann mit der Luftpumpe seinem Gegner auch ins Auge stechen. Dies erfordert jedoch eine gewisse Übung, da man dabei leicht ins Nasenloch abrutschen kann.

Nach dem Luftpumpenmassaker folgte der Höhepunkt meines Extremradfahrtrainings. Die Königsdisziplin erfordert neben Mut, Kraft, Durchsetzungsvermögen und Reaktionsschnelligkeit vor allem eines: Glück! Am Beginn der Fußgängerzone erreichte ich meine Endgeschwindigkeit. Zunächst zeigte ich den Besuchern der italienischen Eiscafes, was ich drauf hatte, indem ich in einem Abstandsbereich von wenigen Zentimetern an den vollbesetzten Stuhlreihen der Außenbewirtschaftung vorbeidonnerte. Kurz vor dem Kellner bremste ich abrupt ab und rief ihm aufmunternd zu: „Hey Salmonelli, wie laufen die Geschäfte?" Danach wechselte ich mit kurzen kräftigen Tritten wieder in den Sprintmodus. Sprint hieß dabei, dass Arme und Beine eine rotierende Scheibe bilden, wobei der Arsch der höchste Punkt ist.

Feige wäre es natürlich, sich in der Mitte der Einkaufsstraße fortzubewegen. Der passionierte und ambitionierte Extremradsportler sucht sich seinen

Weg am äußersten Rand der Flaniermeile. Zwischen ausladenden Warenständern, abgestellten Kinderwagen, stockschwingenden Rentnern, der achtköpfigen ungarischen Straßenmusikkapelle, dem Info-Stand der Polizei und den 62 Teilnehmern der historischen Stadtführung konnte ich mich als angehender Extremradsportler nach Herzenslust austoben und mein Können demonstrieren. Um den Nervenkitzel etwas zu erhöhen, baute ich einige Zeit später einfach die Bremsen an meinem 20 Jahre alten Damenrad ab. Eine folgenschwere Entscheidung. Ich kann euch versichern, es tut verdammt weh, wenn man ungebremst gegen den Granitsockel des mittelalterlichen Springbrunnens knallt, sich die komplette obere Zahnreihe an einem wasserspeienden, bronzenen Löwenkopf ausschlägt, um schließlich mit gebrochenen Rippen im taubenkotverseuchten, knietiefen Brunnenwasser fast zu ertrinken. Als ich mit blutender Kopfwunde auftauchte, war ringsum mich herum gespenstische Stille. Eine riesige Menschentraube hatte sich um den Brunnen versammelt und starrte mich mit weit aufgerissenen Augen an.

Ich winkte mit letzter Kraft: „Alles okay, Leute, ich lebe noch".

Ein Typ mit Smartphone in der Hand, von dem ich dachte, er würde damit die Rettungskräfte alarmieren, meinte trocken: „Wow, krass Alter, deine Frau hat gerade „Gefällt mir" gedrückt."

Ich tauchte wieder in die Brunnenkloake ab und dachte: Meine Frau hat Facebook entdeckt und ich meine Midlife Crisis. Die Welt ist wieder im Gleichgewicht!

Das Wandern ist des Bartels Lust

Ich war im Frühjahr eine Woche in den Dolomiten wandern. Und ich bin im Grunde der Meinung, dass die Industrie viele Dinge herstellt, die kein Mensch benötigt. Diese beiden Informationen gebe ich an dieser Stelle nur deshalb bekannt, damit Sie sich die nachfolgenden Ereignisse besser bildlich vorstellen können.

Ein perfekt ausgerüsteter Wanderer verfügt in den Dolomiten über folgende Ausrüstungsgegenstände: qualitativ gute bis sehr gute Wanderschuhe, entsprechende Funktionskleidung bestehend aus Hose, Socken, Shirts und Jacke, einen vernünftigen, ergonomisch geformten Rucksack und spezielle Wanderstöcke. Wer möchte, zieht sich dazu auch noch Funktionsunterwäsche an. Okay, wenn das jetzt ungefähr jeder vor seinem inneren Auge vor sich sieht, dann stellen Sie sich einen Typen mit 2 Euro-Socken, einem klobigen Rucksack von der Post (Werbegeschenk), ausgelatschten Turnschuhen, einer khakifarbenen kurzen (!) Armeehose, einem verwaschenem Baumwoll-T-Shirt und einer uralten Laufjacke vor. So wie zuletzt beschrieben, sah ich aus. Als ich freudestrahlend und voller Tatendrang meiner Wandergruppe gegenüber trat, konnte ich das Entsetzen der erfahrenen Bergläufer förmlich mit den Händen greifen. Nicole, die mich zu diesem Aben-

teuerurlaub eingeladen hatte, schaute mich unge-
rührt an und sagte dann ... nichts. Männer, wenn
eure Frau in einer solchen Situation nichts zu euch
sagt, ist das auf keinen Fall gut. Es ist ganz und gar
nicht gut. Es bedeutet nur, dass es später noch einmal
thematisiert wird. Dieses „Später" ist in aller Regel
ein Zeitpunkt, an dem Mann völlig unvorbereitet
und argumentationslos am Leben teilnimmt. Doch
dazu später mehr.

An diesem ersten Wandertag hatte ich nämlich das
Glück auf meiner Seite und sozusagen Oberwasser.
Der breite, super ausgebaute Wanderweg, auf dem
bequem ein Schaufelradbagger hätte wenden können, führte durch saftige Wiesen und stieg nur allmählich mal in die Höhe. Ich grinste zufrieden vor
mich hin. Keine Frage, diesen Ausrüstungswahnsinn
würde ich niemals mitmachen. Und auch am zweiten
Tag kam ich auf zweitausend Meter Höhe mit meiner
etwas an einen Schulausflug erinnernden Bekleidung
gut zurecht. Es wurde einfach nur kalt, wenn der
Aufenthalt an der Alm etwas zu lange dauerte. Es
galt also, immer schön in Bewegung zu bleiben. Das
hat man selbst aber nicht immer in der Hand, wenn
man an einer geführten Wanderung teilnimmt. Das
Schöne an dieser Art des Bergeerklimmens ist, dass
man sich nicht um die Orientierung sorgen muss. Die
übernimmt der Bergführer. Das Blöde können die
anderen Menschen sein, die an der Wanderung teilnehmen. In unserem Falle war dies eine ausgelassene

Horde italienischer Rentner. Wenn sie nicht laut diskutierten, blieben sie stehen und genossen den Ausblick, wenn sie nicht den Ausblick bewunderten, betrachteten sie die Blumen und Pflanzen am Wegesrand, wenn sie nicht das Grünzeug der Bergwelt begutachteten, machten sie Pause. Bevorzugt an einer Almhütte oder an einem Wegweiser oder an einer Kreuzung oder an einem markanten Stein und manchmal auch einfach mittendrin ... nur so ... ohne erkennbaren Grund. Wenn ich mir das recht überlege, wundere ich mich noch immer, dass wir überhaupt irgendwann irgendwo angekommen sind. Unsere Geschwindigkeit glich der einer Weinbergschnecke mit Wadenkrämpfen. Vielleicht lag unser zögerliches Vorankommen aber auch an den „Augentropfen", die der Bergführer jedem Teilnehmer anbot, damit er das Gipfelpanaroma besser sehen konnte. Die „Augentropfen" waren ein alkoholisches Getränk aus heimischer Produktion, dessen Genuss wohl eher blind als sehend machte. Auf jeden Fall wurden die Italiener immer lustiger und beschwingter und sangen zum Schluss das eine oder andere Liedchen. Und wenn sie auch nicht richtig wandern können, singen, das können sie, diese Italiener.

Am dritten Tag schaute ich vom Balkon aus auf die Gipfel und fragte mich, weshalb sie so viel weißer waren als noch am Vortag. Die Erklärung folgte spätestens auf dem Parkplatz am Startpunkt der geplanten Wanderung. Es hatte geschneit! Im Mai! Jetzt wirkte ich in kurzen Hosen doch etwas deplatziert. Aber ich durfte mir natürlich nichts anmerken lassen. Männlicher Stolz und so. Neben uns parkende Menschen schauten mich kurz an, lächelten süffisant und meinten nur trocken: „Oh, kurze Hose, sehr optimistisch!" Ich reagierte freundlich bis zerknirscht und erzählte etwas von Fußball und Gewöhnung.

Zu Beginn unseres Marsches erklärte ich meiner Liebsten noch, dass spätestens zum Mittag der ganze Schnee ohnehin weg sein würde. Ein fataler Trugschluss. Das hätte man sich auch denken können ... bei ein wenig mehr Überlegung. Schließlich stapften wir nicht talwärts sondern in Richtung Gipfel. Ich mache es kurz: Es wurde eher immer mehr Weiß und immer weniger Grad. Mit meinen super Laufschuhen kämpfte ich mich durch 30 cm hohen Schnee nach oben und hoffte ... ja, auf was eigentlich ... vielleicht darauf, dass zumindest dieser eiskalte Wind mal nachlassen würde. Tat er aber nicht. Ganz im Gegenteil. Da oben angekommen, hatte ich das Gefühl an einer Nordpol-Expedition teilzunehmen. In kurzen Hosen! Das nur zur Erinnerung. Es war lausig kalt. Problem war zudem, dass körperliche Fitness sicher kein Nachteil ist, wenn man zu solchen Wanderungen aufbricht. Fit bin ich. Dachte ich. Aber nachdem wir gefühlte 10 km sowie gefühlte 18 % Steigung absolviert hatten, brannten meine Waden wie Feuer und ich schwitzte tatsächlich wie nach einer schönen

Runde Spinning. Den schweißnassen Kopf in den pfeifenden Schneesturm zu halten, ist eine tolle Erfahrung. Ich schaute mich um und beneidete meine Mitwanderer um ihre Funktionskleidung, in der sie ganz entspannt den Berg hochkraxelten. Und warum sahen sie eigentlich noch so entspannt aus? Das interessierte mich in diesem Moment auch brennend.

Da der Schnee die Wege zugedeckt hatte, war es auf dem Gipfel nicht ganz einfach, die Orientierung zu behalten. Etwas ratlos standen wir an einer Gabelung und überlegten angestrengt, welche Richtung wir einschlagen sollten. Nach einigen Minuten Diskussion und der Tatsache, dass sich an meinen Waden langsam Eiszapfen bildeten, erklärte jemand sehr treffend: „Das ist ein ziemlich ungeeigneter (Wortwahl war an diesem Tag eigentlich etwas drastischer) Ort, um eine Grundsatzdebatte über den richtigen Weg zu führen. Gehen wir doch einfach weiter!" Gute Idee, fand ich ... bis auch ich merkte, dass wir falsch gingen. Quer durch den hohen Schnee erreichten wie die alternative Route. Ich mit kurzen Hosen. Nur zur Erinnerung. In der Almhütte, die wir dann eine halbe Stunde später erreichten, begrüßte uns ein Münchner Ehepaar, das sich denselben Witterungsbedingen ausgesetzt hatte. Sie hatten großes Mitleid mit meiner frierenden Liebsten, während der Umstand, dass ich mit kurzer Hose diese Tortur überstanden hatte, nicht einmal registriert wurde. Geschieht dir ganz recht, Dominik, dachte ich und schlürfte den heißen Tee. Zurück wurde es zunehmend wärmer, auch weil wir natürlich wieder talabwärts schritten. Die Laune besserte sich auch wieder und ich probierte heimlich mal die Wanderstöcke aus. Verdammt, richtig eingesetzt, waren die tatsächlich nützlich. Sagte ich aber keinem.

Beim Abendbrot war ich dann der Einzige, der die absolvierten Höhenmeter für eine großartige Tagesleistung hielt. Alle anderen erklärten, dass das höchstens unteres Mittelmaß gewesen sei. Kaum anstrengend. Im Grunde eine kleine Aufwärmrunde. Eigentlich was für Gehbehinderte und kraftlose Beamte. Das Schlimme war, dass meine kleine Wandergruppe tatsächlich den Eindruck machte, als wären sie locker in der Lage, noch drei bis fünf Stunden tanzen zu gehen. Es gibt neben der Erkenntnis, dass eine gute Wanderausrüstung kein Schnickschnack ist, aber auch andere Dinge, die ich in dieser Woche erfahren durfte: Wandern ist eine sehr meditative Beschäftigung, kann aber auch unglaublich unterhaltsam sein. Man gewinnt nicht nur atemberaubende landschaftliche Eindrücke sondern lernt auch viel über sich selbst. Die Berge sind wunderschöne, einmalige Naturschauspiele und machen doch deutlich, wie klein man selbst ist. Es gibt abseits der Wege eine Menge zu entdecken und jede Anstrengung am Berg wird am Ende belohnt ... mit einer spektakulären Aussicht oder einer wahrhaftig leckeren Holunderblütenschorle. Und wer einmal bei strahlend blauem

Himmel, goldenem Sonnenschein und klarer Luft eine in voller Blütenpracht stehende Bergwiese auf 1.800 Meter gesehen hat, der spürt, dass man dort oben, fernab vom hektischen Geschehen des Alltags Gott tatsächlich ein Stück näher kommen kann.

Das Wandern ist des Deutschen Frust

Nach der langen Winterinvasion der Pistenromeos und Skihasen haben die Südtiroler nur eine kurze Zeit zum Verschnaufen, denn dann ... kommen SIE. In langen Monaten haben sie sich in schlecht belüfteten Großraumbüros Kilo um Kilo Körperfett angefressen. Während unzähliger Einkaufsorgien in Neonlicht durchfluteten Wanderbedarfsshops wurden Karbonstöcke, Jack Wolfskin Multifunktionsplanen, ganze Rucksackgaragen und alpine Gesundheitsandalen gebunkert. Ein halbes Jahr malträtierten sie das Internet, den Fremdenverkehrsverbund sowie das örtliche Reisebüro, nur um Ende stolz verkünden zu können, dass sie jetzt 12,80 Euro bei der Unterkunft gespart haben. Zu Weihnachten ließen sie sich eine Reinhold Messner-DVD und ein Dolomiten-Reiseführer schenken, um optimal vorbereitet zu sein. In den letzten beiden Wochen vor dem Großereignis versuchten sie, ihre speckigen, saft- und kraftlosen Körper auf die bevorstehenden Strapazen vorzubereiten und waren deshalb ... walken ... mit Stöcken ... in der westdeutschen Tiefebene. Zweimal um das gesamte Wohngebiet in Bochum Ost. Ganze 250 Meter. Reicht locker, denkt der Mann. Reicht niemals, weiß die Frau. Vielleicht ja doch, hofft der Hund. Nachdem der Kombi bis in den letzten Winkel vollgepackt und die sechs Fahrräder an die Heckklappe geschweißt worden sind, geht es endlich los. Familie Meier aus Deutschland startet in den Wanderurlaub. Nach Südtirol, was ja auch irgendwie Deutschland ist. Also so fast. Gefühlt auf jeden Fall. Es geht in ein schickes Wellnesshotel irgendwo in den Bergen. Kleiner Ort ... sehr kleiner Ort ... so klein, dass er nicht mal einen eigenen Namen hat, aber das Navi kennt den Weg. Behauptet es zumindest und führt die ganze Truppe über den Brenner nach Meran, ZURÜCK durch Bozen, an Innsbruck vorbei, Richtung München. Der Vater merkt, dass das nicht stimmen kann und holt den Autoatlas aus den 70ern unterm Sitz vor. Man könnte natürlich auch jemanden nach dem Weg fragen. Einen Einheimischen zum Beispiel. Doch Herbert Meier verkündet, dass ein DEUTSCHER MANN niemals nach dem Weg fragt, er findet ihn. Nachdem sie bis zur Kofferraumklappe in einem reißenden Gebirgsbach gestanden und anschließend ein waghalsiges, halbstündiges Wendemanöver auf einer winzigen österreichischen Passstraße absolviert haben, erreicht Familie Meier nach 23 Stunden Autofahrt etwas entnervt endlich das Pustertal. Ihr Hotel heißt Tirolia und sieht sogar ganz gut aus. Alles ganz sauber und gepflegt. Das muss der deutsche Einfluss sein, da ist sich die preußische Gesellschaft einig.

„Und außerdem mit Halbpension!", freut sich Vater Herbert. Alle nicken!

„Und mit Massagen!", freut sich Mutter Helga. Alle schauen aus dem Fenster und versuchen das Bild aus dem Kopf zu kriegen.

„Und mit Internet!", hofft Sohn Lukas. Alle schweigen.

„Auf jeden Fall unweit der Bozener Einkaufsmeile!", glaubt Tochter Melanie. Alle lachen gehässig.

Der Familienhund, ein Dackel namens Herkules, furzt zufrieden. Alle öffnen die Fenster.

Wenn der Deutsche in ein Hotel, eine Pension oder einem abgelegenen Bauernhof eincheckt, erwartet er exakte Angaben über den Beginn der Mahlzeiten. Eine vage, italienische Antwort wie: „Abendessen gibt es so gegen … Sonnenuntergang", reicht da schon, um erste Wutausbrüche zu provozieren. Wutausbrüche in der Art von „Also, so etwas, nein, so etwas würde es bei UNS nicht geben!".

Überhaupt legt der Deutsche sehr viel Wert auf die Mahlzeiten. Das Essen darf ruhig schmackhaft, muss in erster Linie aber reichhaltig sein. Am besten sorgt der Gastgeber dafür, dass der Deutsche immer etwas zu kauen hat. Sollte dies nämlich nicht der Fall sein, wird der germanische Urlaubsschreck sofort, ohne jegliche Vorwarnung und Verzögerung anfangen zu meckern. Der Deutsche an sich ist unzufrieden, nörgelig und sehr, sehr bemüht, überall und immer das sprichwörtliche Haar in der Suppe zu finden. Und, vertraut mir, er wird es finden.

Wenn die Unterkunft top ist, sind die anderen Gäste unmöglich … eventuell sind das auch noch Holländer. Sind die Mitreisenden okay, ist die eigene Familie eine Zumutung und sollte tatsächlich der sehr unwahrscheinliche Fall eintreten, dass die Menschen, das Essen und das Hotel keinen Anlass zu Kritik bieten, dann, ja dann … ist das Wetter eben scheiße. Einem Deutschen ist es entweder zu regnerisch oder zu heiß oder zu windig oder zu bewölkt, auf jeden Fall hat er immer die falschen Klamotten mit. Und dann tut er, was jeder Deutsche in einer solch prekären Situation tun würde: Er ruft zuhause an, um sich zu vergewissern, dass es dort auf jeden Fall noch beschissener ist.

Und deshalb brüllt Vater Helmut in sein nagelneues Smartphone:

„Rudi, du einarmiger Karrusselanschieber, wat macht die Kunst, alles in Lack? Sach ma, wie sieht es denn inne Atmosphäre über die Heimat aus? Wat sagst du? Es regnet? Aha. Ein richtiger Wolkenbruch? Mmmhhh, so, so. Nee, hier ist super! Könnte nicht besser sein. Fast wie auf Mallorca."

Dann grinst der Herbert, lehnt sich zurück, winkt der bulgarischen Bedienung zu und ruft:

„Due Cappucino por favore! Zur Feier des Tages."

Mutter Helga, die mit ihrer besten Freundin seit einem halben Jahr einen Italienisch-Kurs an der Volkshochschule besucht, verdreht die Augen und faucht ihren Mann an:

„Zwei Tassen sind Mehrzahl, du Idiot! Es heißt due Cappucinos, ist doch logisch!"

Am Nachmittag steht für Familie Meier der erste Gipfelaufstieg auf dem Programm. Vater Herbert sitzt am Steuer des Kombi und hat auf einem immer schmaler, dafür jedoch immer steiler werdenden Wirtschaftsweg soeben die Baumgrenze hinter sich gelassen. Sein Ziel ist die Alm auf rund 2.500 Metern Höhe. Von dort sind es dann noch rund 250 Höhenmeter bis zum Gipfel. 250 Meter – das kennt die Familie noch vom Walking in Bochum. Kann so schwer nicht sein. Herbert parkt neben dem Stallgebäude und schultert den etwa 32 Kilo schweren Rucksack, in den die Familie alles gepackt hat, was sie zum Aufstieg zu brauchen meint. Als da wären: vier Luftmatratzen, ein Sixpack Bier, zwei Dosen Ravioli, Erste Hilfe-Koffer, noch ein Sixpack Bier, Schlafsäcke für alle, ein Sechs-Mann-Zelt, Ersatzschuhe für die Frauen, jeweils zwei Paar, Körnerkissen, eine 8 Quadratmeter-Multifunktionsplane und zwei Campingkocher. Die restlichen Getränke und Nahrungsmittel wurden dem Sohn auf die Schultern gepackt. Nach etwa 30 Minuten Rüstzeit setzt sich die deutsche Wanderbrigade tatsächlich in Bewegung. Wobei „Bewegung" eine eher schmeichelhafte Umschreibung des Trauerspiels darstellt, welches sich dort im Schatten des Gipfels ereignet. Der teutonische Familienclan schleppt sich schnaufend und fluchend den Geröllpfad empor. Mit unmenschlichen Kräften und unter Mobilisierung der allerletzten Reserven erreichen sie nach einem halben Kilometer den ersten Wegweiser. Auf dem Schild steht in herzerfrischenden Großbuchstaben: „Rudlhorn 50 Min." Das blanke Entsetzen ist den germanischen Alpinisten in die hochroten Gesichter geschrieben. Fast eine Stunde noch? Für 250 Meter Weg? Kann doch nicht sein. Die spinnen doch. In Bochum haben sie für die gleiche Strecke mal gerade 30 Minuten gebraucht. Oder ist das hier wieder so eine italienische Eigenart? Sind die Meter hier etwa zehnmal so lang wie im Ruhrpott? Kann man ja nicht wissen. Andere Länder, andere Sitten und so.

Mutter Helga lässt sich nach diesem Schrecken mit einem kapitalen Stöhnen auf die Steine sinken und spricht aus, was alle in diesem Moment denken: „Scheiß Berge! Nächstes Jahr fliegen wir wieder nach Mallorca. Da brauchst du zwar auch 250 Meter bis zum Strand, aber auf dem Weg kommst du wenigstens an 6 Bierbuden vorbei."

Vater Herbert beschwört seine Wandergruppe: „Kameraden, wie heißt es so treffend? Der Weg ist der Weg. Auf dem Gipfel ist ohnehin nicht genug Platz für uns alle. Kehrt um, ich werde die Ehre unseres Landes verteidigen und mich der Gefahr stellen." Und mit diesen Worten schnappte er sich ein Sixpack Bier und stieg weiter bergauf.

Auf dem Rückweg sammelte die Restfamilie dann auch Dackel Herkules ein, der es sich neben einem

alten Baumstamm dolce vita-mäßig gemütlich gemacht hatte. Und wenn ich es nicht besser wüsste,
würde ich sagen, dass er beim Anblick der torkeln-
den Wanderschar ein hämisches Grinsen aufgesetzt
hatte.

Herbert tauchte übrigens nie wieder auf. Man ver-
mutet, dass er zu stolz war, nach dem Weg zu fragen.
Zuletzt wurde er am Strand von Mallorca gesehen.
Passanten berichteten, dass er sich lautstark über die
scheiß Hitze beschwerte.

Ziffernblatt

Die andere Seite

Ich sage: „du warst ja schon immer anders" und es klingt, als müsste ich damit irgendetwas entschuldigen. Du sitzt mir gegenüber und lächelst still in dich hinein. Vielleicht war es gerade dieses Lächeln, das dich hierher gebracht hat. Du verunsicherst die Menschen mit deiner ungebremsten und naiven Neugier.

Am Anfang, im Kindergarten, haben sie dir noch fasziniert zugesehen und sich darüber gefreut, mit welcher Kreativität und Experimentierlust du die Welt und ihre Geheimnisse für dich entdeckt hast. Zu jener Zeit war noch fast alles erlaubt und sie ließen dich in deiner eigenen, abenteuerlichen und originellen Welt in Ruhe. Damals war es o.k., als du einer Fliege zusätzliche Flügel anklebtest, damit sie es nach deiner Theorie in der Luft leichter hatte. Sie lachten, als du mit Katrin die Klamotten getauscht hast, nur um zu überprüfen, ob dich ihre Eltern dann mit zu sich nach Hause nehmen würden. Die Erzieherinnen waren erstaunt, als du erklärtest, dass du den lieben Gott für genauso eine Erfindung hältst wie Weihnachtsmann und Osterhase. Schließlich würde auch Gott nur die Kinder reich beschenken, die immer lieb und brav gewesen seien.

In der Schulzeit bekämpften sie deine träumerische Andersartigkeit mit disziplinarischen Keulen und pädagogisch wertvollen Strafmaßnahmen. Die Lehrer duldeten keinen Schüler, der seinen Hund, seine Katze und die familieneigenen Hühner mit in die Schule brachte, damit die Tiere auch etwas lernen konnten. Sie brachen in Hysterie aus, als du Löcher in die Tischplatte bohrtest, nur um zu sehen, was deine Füße unter dem Tisch machen. Du flogst später reihenweise von den Schulen, weil du dich weigertest, Schuhe anzuziehen. Stattdessen liefst du barfuß und mit einem viel zu großen Sommerhut durch die Gegend und beobachtest fasziniert Ameisenhaufen, Spinnennetze oder das Licht, das sich in einer Pfütze am Wegesrand brach. Deine Hausaufgaben und Leistungstests bestanden aus Zeichnungen und bunten Bildern … auch die in Mathematik und Englisch. In diesen Jahren begannen die meisten Leute, dich für verrückt zu erklären. Du jedoch lächeltest nur und erklärtest mir: „Meine Welt besteht nicht aus Buchstaben und Zahlen. Ich sehe bei allen Dingen um mich herum die Farben und Formen, rieche und schmecke das Aroma, höre die Geräusche und fühle die unterschiedlichen Strukturen. Warum sollte ich aufschreiben, wie ein Baum aussieht und welche Aufgabe er hat, wenn hier draußen überall welche herumstehen." Dass diese Logik nicht immer anwendbar und das heutige Leben komplizierter geworden war, interessierte dich nicht. Für dich war alles einfach und klar, wenn man die Gesetze von Flora und Fauna erkannt hatte.

Mit 15 Jahren hattest du dann beschlossen, in den Wald zu ziehen. Du bautest dir eine Hütte und verbrachtest deine Tage damit, in und mit der Natur zu leben. Du schafftest ganze 2 Wochen, bevor dich die von deinen Eltern alarmierten staatlichen Ordnungshüter aus deinem Unterschlupf zogen und dem Jugendamt übergaben. Es wurden medizinische Tests vorgenommen, Entwicklungspläne geschrieben und eine psychologische Betreuungskraft bestimmt. Sie wiesen dich in eine geschlossene Wohngruppe ein und versuchten, dich wieder in die Gesellschaft zu integrieren. Du wurdest von deinen neuen Mitschülern geschlagen, gedemütigt und ausgegrenzt. Nach einem halben Jahr bist du abgehauen und wieder in den Wald verschwunden. Diesmal fanden sie dich erst nach 18 Wochen. Sie sagten, du seist in einem verwahrlosten Zustand gewesen, hast von Wurzeln und Früchten gelebt und dich nur ab und zu mal in einem nahe gelegenen Bachlauf gewaschen. Sie lieferten dich erst in ein Krankenhaus und später in eine psychiatrische Klinik ein. Die Ärzte pumpten dich mit Psychopharmaka voll und versuchten, dein Denken und Handeln wieder gesellschaftskonform zu schalten. Alles musste schließlich seine Ordnung haben. Nach zwei Jahren wurdest du mit guter Prognose entlassen.

Gestern habe ich dich nach langer Zeit wieder in der Stadt gesehen. Du kamst mir lächelnd entgegen, barfuß und mit dem viel zu großen Sommerhut auf dem

Kopf. An deiner Seite lief eine kleine Ziege. Wir umarmten uns innig und lachten lauthals über die irritierten und angewiderten Blicke der Passanten. Als wir uns verabschiedeten, versprach ich dir, dich im Wald besuchen zu kommen.

Jetzt sitze ich dir gegenüber und schaue in deine Augen, die das letzte Sonnenlicht des Tages eingefangen haben. Heute Morgen haben sie dich zum letzten Mal aus dem Wald geholt. Du sitzt hier in der geschlossenen Anstalt hinter einem engmaschigen Gitter. Und während du mich still anlächelst, frage ich mich wieder einmal, auf welcher Seite dieses Gitters eigentlich die wirklich Verrückten leben.

Früher, als wir noch barfuß durch den Schnee zum 34 km entfernten Internetcafé gehen mussten

Immer mehr Texte bei Poetry Slams beschäftigen sich mit kleinen Menschen im Allgemeinen und mit Kindern im Speziellen. Oft werden die Minderjährigen als Nervensägen, naive und hinterhältige Geschöpfe beschrieben, die uns bedauernswerten Bildungsbürgern das Leben mit ihrem materialistischen Gehabe, ihrem sinnfreien Dasein und ihrem schier unendlichen Wissen über die neueste Klingeltontechnik zur Hölle machen. Selten wird den Betroffenen Gelegenheit zur Stellungnahme gegeben. Als Anwalt der Unterdrückten, der Entrechteten und Verfolgten möchte ich heute die Gelegenheit nutzen, um Euch einen Brief vorzulesen, der uns allen die Augen öffnen sollte.

Torben, 12 Jahre alt, schreibt:

Werte Erwachsene, liebe Volljährige, überforderte Mütter und Väter,
so kann es nicht weiter gehen. Noch nie in der Geschichte der Menschheit … also soweit ich das überblicken kann … wurde derart viel und in so heftiger Form auf den Nachwuchs geschimpft wie in diesen Tagen. Ihr nennt uns Kackbratzen, verwöhnte Bla-

gen, Killerspieljunkies oder einfach nur hochbegabt. Ständig wird sich darüber aufgeregt, dass keine Kinder mehr draußen spielen. Dabei habt ihr doch mit eurer scheiß veralteten Technik das Ozonloch aufgerissen und damit den Aufenthalt im Freien zu einem lebensgefährlichen Unterfangen gemacht. Erst Ozonloch und jetzt Fresse aufreißen, oder was? Tolle Vorbilder seid ihr. Und überhaupt, warum sollten wir denn noch raus in die Natur gehen? Gibt doch eh fast nichts mehr zu sehen. Alles genmanipulierte Gewächse und zu Bettvorlegern mutierte Hunde und Katzen. Nee, da bleiben wir lieber in unseren Zimmern. Im Internet gehen wir dann auf www.tiere.de und schauen uns an, wie richtige Hunde und Katzen aussehen. Und das regt euch dann noch mehr auf, weil wir sowieso den ganzen Tag nur im Internet rumhängen. Und was wir da machen, das würde euch ja auch mal interessieren. Aber einfach fragen geht ja auch irgendwie nicht, weil das schließlich nicht in das auf eigenverantwortliches Handeln ausgerichtete Erziehungskonzept passt. Also bleibt euch nichts übrig, als im Türrahmen zu stehen, den Kopf zu schütteln und immer wieder „Mann, Mann, Mann" zu murmeln. „Mann, Mann, Mann" und irgendwann, ganz zum Schluss kommt dann „früher, da hatten wir nicht mal einen Drucker. Da mussten wir alles noch per Hand vom Bildschirm abschreiben!" Ehrlich Leute, wir können diese Scheiße nicht mehr hören. Was ist das eigentlich für ein bescheuertes Argument? Früher! Hätte es in den 60ern die Beatles oder in den 80ern ABBA als Klingelton gegeben, dann würdet ihr das noch heute als die gute alte Zeit abfeiern. So sieht es doch aus. Logisch, man kann auch daran glauben, dass man es mit Fleiß und ehrlicher Arbeit zu etwas bringen kann. Das fällt nur dann schwer, wenn man schon in der 7.Klasse damit beginnt, unentgeltliche Praktika zu absolvieren. Oder Fernsehen, das ist auch so ein beliebtes Thema. Wer weiß schon, wie viele Stunden ihr vor der Glotze abgehangen hättet, wenn das Ding rund um die Uhr gesendet hätte. Jeder regt sich über uns Kinder auf, aber keiner über die Fernsehmacher, die von morgens bis abends jeden erdenklichen Müll auf die große Halde der kindlichen Langeweile kippen, damit sie noch mehr Werbekunden ins Programm quetschen können. Ihr dagegen schaut euch nur Bildungsfernsehen an. Das kann man ganz gut an den Einschaltquoten ablesen. Auf den vorderen Plätzen finden sich Sendungen wie „Richterin Barbara Salesch", „Frauentausch" und „Das perfekte Promi-Dinner". Ihr glotzt euch eine Stunde lang an, wie sich Dolly Buster mit einer Apfeltasche abmüht und bekommt gleichzeitig Bedenken, wenn wir SpongeBob cool finden? Bildungsfernsehen ist schon eine abgefahrene Sache.

Ich glaube, die Wurzel allen Unverständnisses zwischen den Generationen ist der Neid. Natürlich haben wir es viel leichter, schöner und angenehmer als ihr. Während ihr eure erste Klassenfahrt mit 15 erlebt habt und nach Hildesheim gefahren seid, fliegen wir schon in der 4.Klasse zum Abschluss der Grundschulzeit nach Südtirol zum Skilaufen. Natürlich war es für euch damals eine Besonderheit, wenn euch euer Brieffreund aus Frankreich geschrieben hat. Dass wir heute mit Leuten aus der ganzen Welt über WhatsApp, Skype oder andere Plattformen kommunizieren und das in Sekundenschnelle, lässt diese Brieffreundschaft zwar etwas popelig aussehen, sollte euch aber nicht dazu veranlassen, das Internet zu hassen. Klar, es ist bestimmt auch schwerer mit einer Zwille einen Spatzen zu treffen, aber deshalb sind Ego-Shooter trotzdem weniger gefährlich für Lebewesen. Und ja, es ist verdammt bequem seiner Freundin eine SMS zu schicken, um zu fragen, ob ihr auch langweilig ist. Und nein, das hätte man nicht getan, wenn man die 300 Meter zu ihrem Haus hätte hinlaufen müssen. Aber darum geht es doch auch gar nicht. Ist es nicht immer das Privileg der Jugend gewesen, Dinge auszuprobieren und seien sie auch noch so sinnlos und überflüssig? War es nicht in allen Zeiten die Jugend, die sich durch Sprache, Gestus, Musik und Kleidung vom Rest der Gesellschaft abgrenzen wollte? Warum sagt jede Generation unisono: „Unsere Kinder sollen es mal besser haben" und wenn es dann tatsächlich soweit ist, regen sich eben diese Leute darüber auf, dass die jungen Leute eine größere Freiheit, eine größere materielle Sicherheit und ein größeres Maß an Möglichkeiten besitzen.

Die sind neidisch. Diesen ganzen unnützen Firlefanz hätten sie auch gerne gehabt. Sie hätten auch lieber bei Google gesucht als in Omas 20-bändigem Bertelsmann-Lexikon. Sie hätten auch lieber 2453 Facebook-Freunde aus aller Welt als einen Brieffreund aus der Normandie, dessen Opa von den Deutschen erschossen worden ist, was in jedem zweiten Brief ausführlich thematisiert wurde. Sie hätten auch viel lieber „Super Mario" gespielt als „Mensch ärgere Dich nicht" ... gegen sich selbst. Sie wären auch gerne drei Mal die Woche bei McDonalds vorbei gegangen als jede Woche Omas Graupensuppe schlürfen zu müssen. Sie hätten auch viel lieber per SMS mit ihrer Freundin Schluss gemacht als ihr das ins Gesicht sagen zu müssen. Und natürlich hätten sie ihre Konfirmationsbettwäsche auch viel lieber bei Ebay verscheuert als darin ihren ersten Sex zu erleben. Letztlich hätten sie wahrscheinlich sogar auch viel lieber Stunden vor dem Fernseher oder im Internet verbracht, statt draußen bei Wind und Wetter mit den anderen Dorfdeppen die Bushaltestelle zu belagern und alte Leute zu erschrecken.

Gönnt uns diese kurzen Jahre des jugendlichen Leichtsinns und der kindlichen Lebensfreude. Auch wir werden älter. Und später, in einigen Jahren heißt es dann auch für uns: Das Leben als Erwachsener ist lang und arm an Höhepunkten!

Viele liebe Grüße, Euer Torben.

Absprung

„Nun los, spring schon, du Feigling!" Benny starrte
wie paralysiert in die Tiefe, unfähig sich auch nur
einen einzigen Millimeter von der Stelle zu bewegen.
Mit seiner rechten Hand umklammerte er fest das
kühle Metall des Geländers. Die Rufe seiner Freunde,
die von weit unten zu ihm herauf drangen, erinner-
ten an das Geschrei sich schnell entfernender Vögel.
Nur zuweilen gab der Klangbrei, bestehend aus einer
Vielzahl von Geräuschen der gutgelaunten Freibad-
besucher, einzelne Wortfetzen frei. Doch seltsamer-
weise schaffte es dieser einzelne kurze Satz, Bennys
Gehörgang in seiner ganzen Vollständigkeit zu erreichen. Er wollte kein Feigling sein und in seinem Alter durfte man es auf keinen Fall so weit kommen
lassen, dass man in den Augen seiner Kumpels als
ängstlich galt. Das war sozusagen der Super-GAU,
der schlimmste anzunehmende Fall, das Ende aller
Bemühungen um Anerkennung. Er wusste, was auf
ihn zukam, wenn er nicht springen würde. Sie würden über ihn herfallen und ihn verspotten, aber das
war noch lange nicht das Schlimmste. Die meiste
Angst hatte er vor dem Rauswurf aus der Clique.
Und der war ihm so gut wie sicher. Niemand duldete
einen Feigling in seiner Gang. Sie hatten sich diese
coole amerikanische Bezeichnung zugelegt, weil die
Plattenbausiedlung in ihren Augen auch ein Getto

war. Von hier oben konnte er seinen Wohnblock ohne weiteres erkennen. Sie beide befanden sich gewissermaßen auf Augenhöhe. Er ließ seinen Blick wieder nach unten wandern und bekam den nächsten Schwindelanfall. Eine wie auch immer geartete Entschlossenheit war vollkommen aus seinem Körper gewichen. Er war so verkrampft und gelähmt, dass einzig seine Gedanken in der Lage waren sich zu bewegen. In diesen quälenden Minuten hoffte Benny, dass er sich irgendwann an die Höhe gewöhnen würde, wenn er nur lange genug auf dem Sprungturm stehen blieb. Nur hatte er keine Ahnung, wann das sein würde. In zwei Minuten, in einer Stunde oder vielleicht erst am Abend? Plötzlich hatte er das Gefühl, dass er im nächsten Augenblick die Kraft zum Sprung finden würde. Tatsächlich löste er sich vom Geländer und begab sich in die Mitte der Plattform. Er beobachtete einen kleinen Jungen, der vor ihm Anlauf nahm und dann wie selbstverständlich in das scheinbare Nichts sprang. Benny straffte seinen Körper und versuchte ruhig durchzuatmen. Was hatte er schon zu verlieren? Es ging doch nur um einen einzigen Sprung. Vielleicht half es, wenn er dabei die Augen schloss? Er stellte jedoch fest, dass ihn das nur noch mehr verunsicherte. Hinter ihm hatte sich bereits eine kleine Schlange gebildet und einige Halbstarke fingen an zu murren. Benny drehte sich um und versuchte die drängelnden Kinder mit einem wütenden Blick einzuschüchtern, doch auf dem 10-Meter Turm gab es nur ein Gesetz: Spring oder geh aus dem Weg, du Flasche. Schnell merkte er, dass er sich in eine noch aussichtslosere Situation hinein manövriert hatte. Bislang hatten nur seine Kumpels unten am Beckenrand auf den großen Sprung gewartet. Doch nun, in diesem Augenblick, stand eine ganze Horde schmalbrüstiger, pickliger Gören hinter ihm, die kurz davor waren, sich über ihn lustig zu machen. Benny überlegte angestrengt, wie er aus dieser Sache ohne Gesichtsverlust herauskommen konnte. Vielleicht sollte er irgendeine Verletzung vortäuschen oder womöglich eine Schlägerei mit einem der Jungs hinter ihm anfangen. Doch was würde das alles nützen? In ein paar Tagen oder Wochen würde er wieder hier oben stehen und mit denselben Ängsten zu kämpfen haben. Er musste es anpacken. Jetzt! Sofort! Benny holte Luft, nahm Anlauf und...

„Hey, hören Sie mich? Kann ich zu Ihnen raufkommen? Meinen Sie nicht, dass wir gemeinsam eine Lösung finden können? "

Er entdeckte den Mann mit dem Megaphon vor dem Einsatzwagen der Polizei. Immer wenn sich der Typ die Sprechtüte vor den Mund hielt, musste Paulsen an seinen Kumpel Harry und dessen riesige Joints denken. Zu gerne hätte er damals auch mal so ein Ding durchgezogen, aber das Rauchen vertrug er einfach nicht. Er musste ständig husten und bekam es einfach nicht geregelt, das Zeug zu inhalieren. Harry hatte ihm erzählt, es sei ein Gefühl, als würde man fliegen. Vor zwei Jahren war er dann gestorben. Es hatte ihm nicht mehr gereicht nur Haschisch zu rauchen. Er war jämmerlich an einer Überdosis Heroin zugrunde gegangen, man kennt das ja. Etwa zum gleichen Zeitpunkt begann der unaufhaltsame Verfall seines eigenen Körpers, der letztlich dafür verantwortlich war, dass Paulsen sich auf dem Dach dieses Wohnblocks befand. Er erinnerte sich noch genau an das bekümmerte Gesicht, dass sein Arzt gemacht hatte, als er sich die Röntgenbilder genauer ansah. „Tut mir leid, aber ich muss Ihnen mitteilen, dass Sie an Krebs erkrankt sind." Paulsen hätte sich gewünscht, dass Dr. Kunze es so oder wenigstens ähnlich elegant ausgedrückt hätte. Tatsächlich hatte er die Atemluft geräuschvoll durch die Nase entweichen lassen und dann gesagt: „Das sieht verdammt schlecht aus. Ich würde sagen: Irreparabel. Was meinen Sie, werte Kollegen?" Die anderen Ärzte nickten bedächtig und zogen dabei eine betroffene Miene. Man erklärte ihm mit umständlichen Worten, dass er sich auf ein monatelanges Dahinsiechen einstellen müsse. Natürlich völlig schmerzfrei. Den Errungenschaften der modernen Medizin hätte er es außerdem zu verdanken, dass man ihn heutzutage noch mindestens drei Monate länger am Leben erhalten könne. Paulsen fragte sich, ob sie ernsthaft erwartet hatten, dass er sich über diese Nachricht freuen würde. Er wusste genau, was ihm bevorstand. Sein Onkel war vergangenen Sommer gestorben, Prostatakrebs! Die letzten Wochen waren mehr ein Dahinvegetieren als der so oft von den Mitmenschen geforderte Kampf gegen die Krankheit. Paulsen verzog das Gesicht bei dem Gedanken daran, wie hilflos der Bruder seines Vaters dem Tode entgegen gesehen hatte. Nein, das kam für ihn nicht in Frage! Wozu sollte er sich wehren? Er war unheilbar krank und würde definitiv nie mehr gesund werden. Konnte man wirklich für etwas kämpfen, was man schon längst verloren hatte? Niemand konnte ihm erklären, worin der Sinn bestand. Ergebnis und Sieger standen bereits fest. Der einzige Lohn für die Qualen und Mühen wäre, dass er noch ein paar Tage länger mit unzähligen Schläuchen in seinem Körper, angeschlossen an piepende Apparaturen und umsorgt von steril gekleideten Pflegeschwestern auf der Schippe des Todes verweilen würde. Zu diesem Zeitpunkt wäre sein freier Wille jedoch schon längst erloschen. Andere Menschen würden über seinen Körper bestimmen. Paulsen liebte die Freiheit über alles. Freiheit war nach seiner Ansicht der Inbegriff von Menschsein. Doch ihm war klar, dass er seine Selbstbestimmung in wenigen Wochen verlieren würde, wenn, ja wenn er nichts dagegen unternahm. Paulsen breitete die Arme aus, dachte an seinen

Kumpel Harry und dass auch er jetzt fliegen würde. Er stellte sich auf die Dachkante und...

Benny kam mit den Jungs um die Ecke und sah den Menschenauflauf, der sich vor ihrem Block gebildet hatte. Sie rannten die letzten Meter und konnten gerade noch sehen, wie die Trage in den Wagen geschoben wurde. Sie starrten auf den riesigen Blutfleck und die undefinierbaren menschlichen Reste, die im Licht der untergehenden Sonne eigenartig glänzten. Ein einziger Gedanke schoss allen gleichzeitig durch den Kopf: Er hatte es getan, er war gesprungen!

Nur ein einziger Augenblick

Es gibt Tage im Leben, die öffnen Türen. Türen, die einmal aufgestoßen, den Blick freigeben, auf das, was uns unbekannt und doch schon immer vorhanden war. In diesen Momenten verknüpfen sich Empfinden und Erleben zu einem Band aus Erinnerungen, in das alle Hoffnung, die größten Träume und geheimsten Wünsche eingeflochten werden.

Als kleiner Junge habe ich unzählige Stunden am Strand der Insel verbracht, auf der ich geboren wurde. Noch heute fühle ich den warmen, weichen Sand durch meine Finger rieseln, das kalte Wasser der Ostsee meine Füße umspülen. Noch immer spüre ich den salzigen Seewind auf meiner Haut, der an heißen Tagen den Sonnenbrand auf der Nase kühlte und manchmal die Wellen zu großen Bergen auftürmte. Viele Jahre sind vergangen, aber ich höre noch immer das Lachen der Kinder, wenn eine Welle ihre Luftmatratze erfasst und einige Meter weit weg getragen hat.

Ich erinnere mich an den Duft des Apfelshampoos, dass wir eines Tages im halbjährlichen Westpaket gefunden haben. Es roch besser als jeder Apfel, den ich bis dahin gegessen hatte. Es war sozusagen die Perfektion des Apfelduftes.

Einige Zeit später hörte ich das erste Mal in meinem Leben einen Song von Modern Talking und spürte, welche Empfindungen Musik in uns auslösen kann. Ich musste würgen und hatte Schwierigkeiten, den Brechreiz zu unterdrücken. Aber es gab natürlich auch Künstler wie Bob Dylan, Pink Floyd oder The Cure – sie bildeten den Gegenpol, nahmen mich mit auf so manche Reise.

Erst viel später entdeckte ich die Malerei, lachte mich über Breughels Bauernbilder schlapp, wo alle Figuren wie Pirelli-Männchen aussahen. Ich vertiefte mich in die Werke Picassos, konnte aber die vom Kunstlehrer unserer Schule herbeigesehnten Linien und Verbindungen im Aufbau einfach nicht erkennen. Miro mochte ich in erster Linie deshalb, weil ich glaubte, so auch malen zu können. Als junger Erwachsener entschloss ich mich schließlich, Bilder nur noch danach zu beurteilen, wie gut sie zu meiner Wohnungseinrichtung passten.

Zwischen den Erlebnissen mit Musik und Malerei bekam ich meinen ersten Zungenkuss … von Constanze, unserer Klassenbesten. Bis zu diesem Zeitpunkt hatte ich mir in wilden Träumen ausgemalt, wie gut, wie unvergleichlich lecker, wie zuckersüß so ein Zungenkuss wohl schmecken musste. Enttäuscht musste ich erfahren, dass es bei dieser Art des Austauschs von Zärtlichkeiten sehr entscheidend ist, was die Kusspartner vorher gegessen haben. Kohlrabi ist jedenfalls ziemlich uncool. Stephi hingegen hatte es drauf, wie ich eine Woche später feststellte, denn sie lutschte immer fleißig Waldbeerbonbons. Das kam meinen Träumen schon sehr nahe.

Alle diese Erinnerungen klebten als Fotos im Album meiner Seele. Gut verstaut in einer Ecke, die ausreichend Schutz und doch leichten Zugriff versprach. Bis zu diesem einen Augenblick dachte ich, dass nichts und niemand in der Lage wäre, die Bilder in unserem Kopf zu verändern, zu verfremden oder gar zu zerstören.

Es war nur ein einziger Augenblick. Eine Hundertstel Sekunde und plötzlich ekelte mich das Lachen der Kinder genauso an, wie das labyrinthische Grün der Stadt. Beides hatte während eines Wimpernschlages die Unschuld verloren. Sie rannten erst grölend hinter mir her, brachten mich nach wenigen Metern auf dem harten Asphalt zu Fall und bildeten schließlich einen Kreis aus Leibern und dumpfer Verachtung. Aus ihren Poren kroch der schlechte Atem mitleidsloser Häme. Sie rochen meine Angst, weideten sich am Anblick der allzu deutlichen Hilflosigkeit. Geredet wurde nicht viel, das gehörte einfach nicht zum Ritual. Ich lernte zum ersten Mal Farben und Formen hassen, als sie mit ihren Filzstiften zackige Hakenkreuze auf meine Haut schmierten. Und während mir im Takt alter deutscher Volkslieder ihre Springerstiefel an den Kopf knallten, verblasste auch meine Liebe zur Musik. Ich hörte nur noch unerträglich hässliche Töne. Längst lag ich zusammengekauert da, vergrub mein Gesicht in die Straßendecke und verfluchte die Anonymität einer Großstadt, wo es niemanden interessierte, ob Menschen geschlagen, gedemütigt oder getötet werden, so lange man nicht selbst betroffen war.

Ich schmeckte Blut und Tränen auf meiner Zunge, die statt Worte des Widerstandes zu formen nur schlaff im Mundraum hing. Oh ja, es spricht sich leicht von Mut und Tapferkeit, wenn die Gefahr nur ein vergilbtes Foto auf dem Kaminsims ist ... wenn Gewalt, Hass und sinnlose Wut nur als blinde Fettaugen in der faden Nachrichtensuppe schwimmen ... wenn das letzte Abenteuer unserer Zivilisation darin besteht, auf einen Spam-Filter zu verzichten.

Die Bilder meines Albums waren zerrissen. Der Wind trug sie über die Dächer der Stadt hinweg fort.

Es war nur ein einziger Augenblick.

Doch danach war ich ein anderer Mensch.

Lagerhaltung

Wenn man im real existierenden Sozialismus in den Urlaub fahren wollte, war das alles andere als einfach. Spontan den Trabbi vollpacken, dann 14 Stunden vom Erzgebirge über die Plattenautobahn irgendwo ans Meer zu tuckeln, war absolut unmöglich. Nicht etwa, weil die volkseigene Rennpappe diese Strecke nicht geschafft hätte, nein, man benötigte nämlich einen Urlaubsplatz. So nannte man das staatlich organisierte Anrecht auf Unterkunft und Verpflegung in einem der heruntergekommenen FDGB-Heime, die es zu Hunderten auf dem Areal des Arbeiter- und Bauernstaates gab. Und wie das eben auch in anderen Bereichen der sowjetischen Besatzungszone war, galt bei der Vergabe für den Urlaubsplatz: Du hast entweder Beziehungen, etwas Wichtiges zum Tauschen oder warst der Partei angenehm aufgefallen. Meine Eltern hatten weder Beziehungen, noch etwas Wichtiges zum Tauschen. Der Partei waren sie zwar aufgefallen, aber eher unangenehm. Deshalb verbrachten wir unseren Urlaub immer bei der buckeligen Verwandtschaft. Die wohnte zum Glück auf der Insel Usedom. Wobei „Wohnen" in der DDR schon ein sehr auslegungsbedürftiges Wort war. Mein Onkel residierte beispielsweise in einer alten Bädervilla direkt an der Strandpromenade. Eigentlich total super bis megageil.

Eigentlich, denn über ihm befand sich die örtliche Bücherei, unter ihm … nun unter ihm gab es nur pommerschen Sand, denn er hauste im Kellergewölbe des herrschaftliches Hauses. Der Mann hatte einen immensen Stromverbrauch, weil ein wie auch immer geartetes Tageslicht die Räumlichkeiten schlichtweg nicht erreichte. Oder um es anders zu formulieren: So tief konnte die Sonne gar nicht sinken, als dass sie ein paar Strahlen durch die Schießscharten hätte schicken können. Mein Onkel dachte sich wohl, dass es bei diesem Weltklima-gefährdenden Energieverbrauch für uns alle sowieso keine Rettung mehr geben würde und fuhr mit großer Leidenschaft einen völlig vom Rost zerfressenen Moskvich, der etwa 12 Liter Benzin verbrauchte. Nicht etwa auf 100 Kilometern sondern allein beim Startvorgang. Zudem vernebelte die Auspuffanlage weite Teile des Ostseestrandes und führte zu ernsthaften diplomatischen Spannungen zwischen der DDR und der Volksrepublik Polen.

Um diesem ganzen Elend zu entfliehen, hatte ich eine scheinbar wunderbare Alternative entdeckt. Etwa ab dem 11. Lebensjahr fuhr ich regelmäßig und voller Enthusiasmus ins Ferienlager. Das waren Freizeitanlagen für die Kinder der werktätigen Bevölkerung, die in aller Regel von einem volkseigenen Betrieb oder einer landwirtschaftlichen Produktionsgenossenschaft finanziert und unterhalten wurden. So fuhren die Bergbaukinder auf die

Insel Rügen ins Ferienlager des VEB Wismut Aue und der Nachwuchs der Chemiker an die Mecklenburger Seenplatte ins Kinder- und Erholungsheim des Schkopauer Chemie-Kombinates Wilhelm Pieck. Oft lagen die einzelnen Lager nur wenige Hundert Meter voneinander entfernt und waren verbunden durch feste, tiefgehende, jahrzehntelange Feindschaften. Wenn wir beispielsweise gegen die verwöhnten Hauptstadtblagen der Berliner Elektronikfacharbeiter Fußball spielten, so hatte dieses Match mindestens die Brisanz des Revierderbys zwischen Dortmund und Schalke. Es war allein dem allgemeinen Mangel in der DDR geschuldet, dass bei diesen Schlachten nicht Bengalos, Feuerwerkskörper oder Panzerfäuste zum Einsatz kamen. So blieb es bei zerstochenen Busreifen und verwüsteten Umkleidekabinen sowie diversen Verletzungen, die bei einigen noch heute eine Arbeitsaufnahme unmöglich machen.

Gestählt wurden die Körper der zukünftigen Genossinnen und Genossen in den Ferienlagern durch kommunistische Kniebeugen am frühen Morgen, ungesüßtem Tee zum Frühstück, Mittag, Abendbrot und zwischendurch sowie durch diverse Schlachteplatten mit Bierschinken und anderen in unschuldigen Kinderaugen sehr schockierenden Fleischerzeugnissen aus der heimischen Wurstindustrie. Um es auf den Punkt zu bringen: Es gab genug zu essen, es schmeckte nur einfach nicht. Das führte wiederum dazu, dass bei einem Ausflug ins nächstgelegene

Dorf der dortige Lebensmittelladen gestürmt wurde und sich alle ausgemergelten Pioniere mit Schlager Süßtafel und anderen schokoladenähnlichen Erzeugnissen eindeckten.

Die Gummibärentüten und Schokoladentafeln dienten jedoch nicht nur der Aufrechterhaltung der eigenen lebenswichtigen Vitalfunktionen, sondern stellten gleichsam eine eigenständige, inflationsfreie Währung dar. Sinnfreie Mutproben wie etwa das laute Rülpsen bei der Ansprache des Lagerleiters wurden ebenso mit Schokolade vergütet, wie der überaus gefährliche Job des Nachrichtenüberbringers. Als ein solcher Bote hatte man die Aufgabe, erste zarte von schnulziger Liebeslyrik durchtränkte Zeilen auf Papier vom Bungalow der Jungen zur Unterkunft der Mädchen zu befördern. Dabei durfte man sich weder von den durch polnischen Schwarzmarktwodka betrunkenen Betreuern noch vom bissfreudigen Hausmeisterhund erwischen lassen. War der Köter schneller, riss er einem nicht nur den halben Unterschenkel weg, nein, man bekam anschließend auch noch in den Genuss der wenig erfreulichen Behandlung durch die Lagerärztin. Die war nämlich wenig begeistert, um 2 Uhr nachts das Sanitätszimmer aufschließen zu müssen und rammte einem gefühl- und gnadenlos zwei Tetanusspritzen ins Bein. „Eine für die Bisswunde und die andere, weil ich müde und stinksauer bin!", wie sie kreischend verlautbarte.

Da ich schon damals nicht unbedingt zu den schnellsten und erst recht nicht zu den lebensmüden Thälmannpionieren zählte, verlegte ich mich auf das Ghostwriting. Das hieß damals noch „Schreib oder es gibt was auf die Fresse" und beinhaltete das Formulieren von möglichst süßen Zeilen, die stets mit der Frage endeten, ob das betreffende Mädchen mit dem vermeintlichen Urheber des Zettelchens gehen wolle. Inhaltlich klang eine solche Anfrage in etwa so:

„Liebe Corinna, seit wir im Lager sind, finde ich dich voll hübsch und nett. Du hast sehr schöne Haare und du kennst super Witze. Außerdem kannst du echt gut schwimmen. Ich möchte gern dein Freund sein. Willst du mit mir gehen? Kreuze hier an: Ja, Nein, weiß noch nicht."

Corinna schrieb dann natürlich wieder etwas zurück und in der Regel entwickelte sich ein reger Briefverkehr, der den sprintstarken Kindern viel Arbeit und noch mehr Schokolade verschaffte. Irgendwann fand jedoch jemand heraus, dass man den aggressiven Hausmeisterhund ebenfalls mit Schokolade gefügig machen konnte. Ab diesem Zeitpunkt spazierten die Jungs und Mädchen zwischen den Bungalows hin und her, ohne von einer räudigen Töle angefallen zu werden. Erich, so hieß der Hund, wurde zusehends träge und fett. Ebenso wie das ganze Land verfiel er Ende der 80er in eine Lethargie, aus der er nicht mehr erwachte.

Auch sonst war die Freizeitgestaltung in den Ferienlagern der Pioniere und FDJler eher rustikaler Natur. Es gab ausgedehnte Ausflüge in den nahegelegenen Wald, Turniere in allen möglichen und unmöglichen Sportarten, Nachtwanderungen und nicht zu vergessen das legendäre Neptunfest. Der Höhepunkt eines jeden Ferienlagerbewohners. Neptun war einer der Betreuer, den man vollkommen grün anmalte, einen Dreizack in die Hand gab und so etwas Ähnliches wie eine BurgerKing-Krone auf den Kopf setzte. Ihm zur Seite standen die sogenannten Häscher, zumeist waren das die schnellsten, größten und kräftigsten Jungen aus dem Ferienlager. Sie schmückten sich mit albernen Röcken aus Krepp-Papier und wilder mit Wasserfarben aufgebrachter Körperbemalung. Wir hatten ja nüscht. Alle Kinder versammelten sich am See oder einem anderen Gewässer, um die Ankunft Neptuns und seiner Gehilfen beizuwohnen. Ein in meiner Erinnerung großartiger Schabernack nahm sodann seinen Lauf. Neptun faselte etwas von alles verschlingenden Meerestiefen und Unwürdigen unter uns, die ihm noch nicht den nötigen Respekt gezollt hätten. Er glotze drei bis acht Mal etwas übertrieben aggressiv in die Menge und verkündete sodann einen Namen, den er mehr schlecht als recht in einen sich reimenden Vierzeiler unterbrachte. Das arme Geschöpf, dessen Name gefallen war, rappelte sich nun aus der passiven Beobachterrolle hoch und versuchte den Häschern zu entfliehen, wobei er aus

Hinterhältigkeit von den neben ihm sitzenden Freunden festgehalten oder wenigstens behindert wurde. Das war ungefähr so als würde Bayern München mit voller Truppe gegen Fortschritt Bischofswerda spielen, denen man zusätzlich die Beine abgehakt hatte. Und die Augen verbunden. Und die nur zu sechst spielen durften. Und … na, ich denke, sie haben die Ausgangslage verstanden. Praktisch und theoretisch war der Täufling chancenlos. Hinzu kam der für den Fliehenden sehr ungünstige Umstand, dass die Lakaien Neptuns mit einem großen Netz arbeiteten. Das warfen sie dem Davonsprintenden irgendwann zwischen die Beine oder über den Kopf und brachten ihn damit eher unsanft zu Fall. Manche hatten Glück und befanden sich gerade auf dem angrenzenden winzigen Rasenstück. Andere dagegen ereilte das Netz und der folgende Sturz auf Gehwegplatten oder Asphaltflächen. Aber was soll's – Narben sind die Einträge in unser persönliches Geschichtsbuch! Anschließend wurde das offiziell nun Täufling benannte Kind im Netz zum großen Neptun gebracht, der mittels einer riesigen Schriftrolle verkündete, warum er sich gerade diesen Burschen oder jenes Mädchen ausgesucht hatte. Erst dann folgte der wirklich ekelhafte Teil des Schauspiels. Mit großer Sorgfalt und Akribie wurde der Spezial-Trunk angerührt, eine Brühe aus allen zur Verfügung stehenden Flüssigkeiten sowie einigen Essensresten vom Vortag. Schmeckte genauso wie es sich anhört. Zwei bis drei Kellen wurden dem armen Menschenkind zwangsweise oral eingeflößt. Dazu beschmierte man sie oder ihn mit einer widerlichen Pampe aus püriertem Mittagessen. Erst danach griffen sich die Häscher je einen Körperteil und beförderten den Täufling mittels wilder Ausholbewegungen ins Wasser oder zumindest in die Nähe des volkseigenen H2O's. Abschließend begrüßte Neptun das arme Menschenkind offiziell in seinem Reich und das Spiel begann von vorn. Nur das diesmal alle etwas angespannter und aufmerksamer waren. Wirklich alle! Bis, ja, bis auf mich. Ich beobachtete fasziniert die vor mir sitzende Katrin. Bei jeder Bewegung des Kopfes pendelte ihr langer Zopf auf dem nackten Rücken hin und her. Es sah ganz entzückend aus. So entzückend und auch ein wenig meditativ, dass ich folgende Sätze nicht wirklich mitbekam:

„In eurer Mitte sitzt ein Kleiner, der oft den Mund vollnimmt. Gemeint ist Dominik sonst keiner, sein Taufname ist ein feiner, er heißt jetzt: Kaulquappe, der Kleine."

Als um mich herum alle aufschrien und sich ruckartig von mir entfernten bzw. meine Beine festhielten, sah auch ich die hämisch grinsenden Visagen der pubertierenden Nachwuchsgenossen auf mich zukommen. Ich wollte noch rufen: „Die, es muss DIE Kaulquappe heißen!" Aber da hatten sich auch schon zwei der jugendlichen Lagerfunktionäre auf mich geschmissen. Ich weiß noch, dass ich mich unwillkürlich fragte, wie um Gottes Willen man bei der sozialistischen Mangelernährung so fett werden konnte. Einige Sekunden später stand ich vor Betreuer Matze alias großer Neptun. Sie beschmierten mich mit Essenrestepampe und versuchten mir die Ekel-Brühe einzuflößen, was nur mäßig gelang. Denn, und das ist keine Lüge aus dem schwarzen Kanal mit Karl-Eduard Schnitzler, in diesem Moment erfand ICH das Headbangen. Ja, Leute, genauso war es! Seit diesem Neptunfest werden rund um die Welt mit irrem Blick die Köpfe geschleudert, wenn es richtig hardrockmäßig zur Sache geht. Also wie zur Taufe beim Neptunfest eben. Aber wie das immer so im Leben ist: Undank ist der Welten Lohn. Und deshalb erntete ich nicht etwa Applaus oder wenigstens ein paar sehnsuchtsvolle Blicke der Mädchen aus der mittleren Gruppe (12 bis 14 Jahre) für meine zukunftsweisende, revolutionäre Performance, sondern wurde von den Knechten des Regimes, also von Neptuns Gehilfen, unsanft ins Schilf geworfen. Da stand ich nun, beschmiert, verletzt, gedemütigt und mit einem grammatikalisch falschen Taufnamen. In diesem Moment beschloss ich, und das ist die Wahrheit nichts als die Wahrheit, David Hasselhoff einen Brief zu schreiben, dass er doch bitte, bitte die Mauer wegsingen soll. Und wie diese Geschichte endete, nun … das wisst ihr selbst am besten.

Pippi und der ADHS-Wahn

Experten gehen davon aus, dass etwa 2 bis 6 % aller Kinder und Jugendlichen unter ADHS leiden. Aufmerksamkeitsdefizit-Hyperaktivitätsstörung – schon wenn man diese Diagnose voll ausformuliert hört, möchte man etwa 3000 Mal mit dem Kopf auf die Tischplatte schlagen. Gemeint sind damit in erster Linie die Minderjährigen, die im Supermarkt hysterisch schreiend auf den Fliesen kreisen, dabei eine exakte 360 Grad Hubschrauberbewegung nachahmen und am Ende durch die stärker werdenden Rotationskräfte ihre Schuhe in die Gemüseauslage katapultieren. Das Alles tun sie nur aus einem einzigen Grund. Nein, nicht weil ihre holde Frau Mutter sich weigert, irgendeinen dämlichen Schokoriegel zu kaufen. Sie tun es auch nicht etwa deshalb, weil die Schlange an der Kasse zu lang ist und der Opa hinter ihnen so komisch riecht. Und auch die barsch vorgetragene Bitte des stämmigen Marktchefs, sofort aufzuhören mit den Ananaskonserven und einer Wassermelone Bowling zu spielen, war nicht der Auslöser für das am Boden kreisende Menschenkind. Nach den neuesten Erkenntnissen der Schulmedizin leidet der halbwüchsige Brummkreisel schlichtweg an einem Ritalinmangel. Ritalin, früher „Arsch voll" genannt, ist ein modernes und vor allem profitables Psychopharmaka, mit dem aufmüpfige und bewegungsfreudige Rotznasen ruhig gestellt werden. Bei Beamten wird Ritalin schon seit Jahrzehnten erfolgreich eingesetzt. Kaum einer bewegt sich noch. Weder geistig noch körperlich. Wussten Sie eigentlich, warum es im Rathaus keine Weihnachtsfeier mehr gibt? Man findet keine Band, die so langsam spielen kann.

Egal, zurück zum Ritalin. Der Verbrauch dieser Kinderdroge ist in den letzten 20 Jahren von 34 Kilogramm auf 1,8 Tonnen gestiegen. Das entspricht einer Steigerung von über 5.000 %. 330 Millionen Dollar Umsatz machte Novartis, der Hersteller der Arschkriecher-Pille, im vergangenen Jahr mit der Ritalin-Gruppe. Sie war einer der zwanzig größten Umsatzbringer des Konzerns. Allein im vergangenen Jahr stieg Novartis' weltweiter Umsatz mit Ritalin-Produkten um 37 Prozent, hat aber trotz allem nach Angaben des Unternehmenssprechers „nicht das Potential, einer unserer großen Blockbuster zu werden". Ein Grund ist, dass die Konkurrenz auf dem Markt mitmischt. So machte Johnson & Johnson mit seiner ADHS-Pille Concerta allein im vergangenen Jahr 930 Millionen Dollar Umsatz. Der deutsche Marktführer, die Firma Medice Arzneimittel Pütter, konnte mit Methylphenidat-Produkten den Firmengewinn innerhalb weniger Jahre verdoppeln. „Wir mussten jedes Jahr zwanzig Prozent mehr Mitarbeiter einstellen", sagt Geschäftsführer Richard Ammer. Den Gesamtmarkt in Deutschland beziffert er auf 80

Millionen Euro. Dabei wirkt Ritalin hochdosiert wie Kokain. Es verändert die Psyche und gilt als leistungssteigerndes Dopingmittel, das hochabhängig macht. Die Nebenwirkungen von Ritalin: Schlafstörungen, Essstörungen, Bluthochdruck und vermindertes Wachstum.

Die Zahlen verdeutlichen, dass ADHS und Ritalin mittlerweile ein riesiger Markt geworden sind. Es gibt viel Geld zu verdienen. Und überall wo Profite schlummern, bleibt heutzutage nur zu gern die Moral und die Ethik auf der Strecke. Die Frage ist doch, wenn diese Rabauken gegen gesellschaftliche Normen und Regeln verstoßen, haben sich dann die Rabauken oder haben sich die Normen und Regeln verändert?

Seien wir doch mal ehrlich und schauen wir zurück auf unsere Kindheit. Es gab immer schon sehr lebhafte Kinder, Raufbolde, Träumerinnen, furchtlose Draufgänger, Schulverweigerer, aufmüpfige Zeitgenossen und Kreativgeister, die nichts zu Ende bringen konnten. Wir haben diese Knirpse bewundert und verehrt. Beispiele gefällig? Gern! Pippi Langstrumpf, Michel aus Lönneberga, Pumuckl, der Zappelphilipp aus dem Struwelpeter, Petterson und Findus – alle diese Helden unserer Kindheit zeigen eindeutige Symptome von ADHS. Aber wir haben sie geliebt. Geliebt vor allem wegen ihrer Verrücktheit, ihrer Experimentierlust, ihren unkonventionellen Ideen und nicht zuletzt weil sie so herrlich chaotisch waren. Sie waren das Gegenteil von Langeweile. Heute würden ihnen Kinderärzte und Psychologen eine Störung oder ein Defizit bescheinigen. Pumuckl müsste Ritalin schlucken, Pippi Langstrumpf käme in eine Therapie und Michel aus Lönneberga in eine geschlossene Wohngruppe.

Was ist nur los mit uns? Warum fällt es uns so schwer, mit unaufmerksamen Traumtänzern und impulsiven Chaoten umzugehen? Weshalb fördern wir nicht einfach die Stärken dieser Kinder, statt sie durch Medikamente stromlinienförmig und aalglatt in unsere Schablonen zu pressen?

Ein Gedicht von Jacques Prévert beleuchtet das ganze Drama auf wunderbar poetische Weise:

„Mit dem Kopf sagt er nein
Aber mit dem Herzen sagt er ja
Er sagt ja zu allem was er mag
Er sagt nein zum Lehrer
Er steht da
Er wird geprüft
Und alle Aufgaben sind gestellt
Plötzlich ergreift ihn ein irres Lachen
Er wischt alles aus
Die Ziffern und die Wörter

Die Daten und die Namen
Die Lehrsätze und die Fangfragen
Und trotz der Drohungen des Lehrers
Verspottet von den Wunderkindern
Nimmt er alle bunten Kreiden
Auf der schwarzen Unglückstafel
Malt er das Gesicht des Glücks."

Und ein Gedanke vielleicht noch zum Schluss: Die heutige Elterngeneration war damals Fan von Pumuckl, Heidi, Biene Maja oder auch Tom und Jerry. Herausgekommen sind Kinder, die angeblich ADHS haben und mit bunten Psychopillen gefüttert werden müssen. Die Helden der Jugendlichen von Heute tummeln sich im Dschungelcamp, machen sich bei DSDS zum Voll-Horst, suchen als intelligenzbefreite Bauern ebensolche Frauen und tauschen sie im nächsten Sendeformat gleich noch untereinander aus. Und am Nachmittag sitzen dann alle in irgendwelchen Talkshows oder spielen in Reality-Soaps mit, die solch obskure Namen tragen wie: „Alter, isch mach dich Schulhof!" – Die große Bildungsreportage auf RTL II.

Man will sich gar nicht ausmalen, was die zukünftigen Kinder dieser ADHS-Zombies später einmal für Wesenszüge offenbaren werden.

Herzblatt

Ein einziger Satz

An manchen Tagen wachst du auf und siehst die Welt so, wie sie wirklich ist. Kein Weichzeichner, kein Alltagshamsterrad, keine mediale Superdroge, keine werbewirksame Bedürfnismanipulation. Deine Gedanken sind klar, dein Blick unverstellt. Du beugst dich über deinen eigenen Tellerrand und erkennst, da hinten, wo sich die bunten und glitzernden Lichter unserer Lebensfassaden in der Dunkelheit verlieren, in nicht allzu weiter Ferne, da steht die Welt am Abgrund.

An manchen Tagen wachst du auf und hörst das Leben so, wie es wirklich ist. Ohne Straßenlärm und Handymelodien. Ohne Fernsehgeschrei und Radiojingles. Nirgendwo menschliche Lautsprecher, die ihre hohlen Phrasen, ihre immer gleichen Witze und Sprüche, ihr nie enden wollendes egoistisches Sendungsbewusstsein ausleben wollen. Du drehst die Regler des Empfängers nach unten. Ein kleines Mädchen auf der Schaukel ruft dir etwas zu, ein alter weiser Mann flüstert dir ins Ohr, ein Straßenmusiker spielt ein Lied – doch du … du kannst nichts hören. Denn das Leben, wie es wirklich ist, kennt nur den Lärm der Anderen. Und deshalb verhallen die Rufe des Mädchens, das Flüstern des Weisen und das Lied des Straßenmusikanten in der Stille in dir.

An manchen Tagen wachst du auf und riechst die Erde so, wie sie wirklich ist. Frei von parfümierten Shopping-Centern und aromatisierter Babynahrung. Ganz ohne Duftbäume in Autos und Raumsprays in Blumenläden. Weit weg von den Ausdünstungen der ständig verdauenden Finanzweltwolkenkratzer und dem Gestank unzähliger Mastanlagen und Hühner-KZs. Und dann wünschst du dir, dass es regnet. So heftig und so stark, dass alles abgewaschen wird. Der ganze Dreck, die ganze Chemie, das ganze künstliche Aroma. Es würde nichts bleiben, außer dem Duft von nasser, schwerer Erde und frisch gemähtem Gras. Doch auf der Erde, wie sie wirklich ist, wäre das nur ein Weichspüler mit der Bezeichnung „Tropenregen". Du drehst dich zur Seite und atmest den Geruch der Frau ein, die du liebst. Sie duftet nach Apfel, Sonne und der Süße der Nacht. Du küsst ihre Stirn und lächelst leise.

An manchen Tagen wachst du auf und schmeckst das Glück so, wie es wirklich ist. Nicht der unverhoffte Lottogewinn und auch nicht der sportliche Neuwagen. Nicht das Ergebnis einer samstäglichen Schnäppchenjagd und erst recht nicht die Beförderung auf den nächsten beruflichen Schleudersitz. Du findest es auch nicht in zwei Wochen Pauschalurlaub auf Ibiza oder dem Sonnendeck eines Kreuzfahrtschiffes. Das Glück wie es wirklich ist, macht bei Affenhitze eine Arschbombe ins kalte Wasser, tanzt ausgelassen zu lauter Musik auf dem Flur des Finanzamtes, fängt mit der Zungenspitze Regentropfen auf, schmeißt den Fernseher auf den Müll, weil die Realität so viel bunter ist. Das Glück, wie es wirklich ist, besitzt fast nichts und ist doch unendlich reich.

An manchen Tagen wachst du auf und spürst die Freiheit so, wie sie wirklich ist. Nicht die 5 in Mathematik entscheidet über deine Zukunft, sondern deine Leidenschaft für die Bühne. Kein Arbeitsvertrag macht dich zum Bittsteller, keine Hypothek zum Sklaven eines Hauses. Du befreist dich aus den Fesseln der Gier und streifst die Ketten der Konsumgesellschaft ab. Und dann nimmst du den Superhelden-Anzug vom Haken, schnallst dir die Flügel aus Traumfarben und Phantasiepapier um und fängst an zu fliegen. Ganz oben dann, fernab von bodentiefer Ignoranz und einer gelebten Vergangenheit, dort, wo einzig kindlicher Übermut und grenzenlose Neugierde regiert, findest du die Freiheit, wie sie wirklich ist. Du erwartest nichts. Du erhoffst nichts. Du bist frei.

An manchen Tagen wachst du auf und erinnerst dich an eine Kindheit, wie sie wirklich war. An unbeschwerte Tage mit Sand in den Ohren und Erdbeereis vom Kinn bis an die Nase. An kalte Winterabende mit leisen Schlafliedern und warmen Vanillepudding im Bauch. In deinem Kopf erklingt diese alte Melodie, Du öffnest deinen Mund und die Worte fließen in den Raum:

Wenn Gerechtigkeit auf dem Abstellgleis steht,
Frieden zwischen alle Fronten gerät
Man „Fairness" als Unwort des Jahres wählt
Und Menschlichkeit als Wert nichts mehr zählt
Dann … ist es
der Glaube, der dich durchs Leben trägt,
die Liebe, die deine Welt zusammenhält
und die Hoffnung, die neue Kraft im Herzen sät.

Vielleicht verstehen wir irgendwann, dass Zufriedenheit und Erfüllung nicht aus Haben und Besitzen entstehen, sondern aus der Erkenntnis, dass wir bereits alles in uns tragen, was notwendig ist. Denn, wenn ein winziger Funke imstande ist, ein riesiges Feuer zu entfachen, dann kann auch ein einziger Satz wie „Ich liebe dich" die ganze Welt verändern.

Schule des Lebens

Wie immer war es viel zu heiß in der kleinen windschiefen Lehmhütte am Rande des Dorfes. Und wie immer waren viel zu viele Kinder in der ärmlichen Behausung versammelt. Mit riesigen Augen und offenen Mündern starrten sie wie hypnotisiert auf die dicke alte Frau, die mit warmer Stimme und weit ausholenden Gesten aus einem großen, dicken Buch vorlas. Ich weiß nicht, wie alt Mama Jala zu dieser Zeit war. Niemand wusste das so genau. Im Grunde war es auch unwichtig, weil die Zeit hier in der Savanne Namibias nur eine untergeordnete Rolle spielte. Als ich Mama Jala einmal nach ihrem Alter fragte, lachte sie mich mit ihren vier verbliebenen Zähnen an und rief: „Alt genug, mein Junge, alt genug."

Ich habe nie erfahren, woher sie dieses uralte Märchenbuch der Gebrüder Grimm hatte. Es war das einzige Buch im Dorf und wahrscheinlich sogar das einzige Buch im Umkreis von 100 Kilometern. Am späten Nachmittag, wenn die Kinder von der Feldarbeit oder dem Ziegenhüten wieder heimkehrten, holte sie es ganz vorsichtig aus einer antiken Holzkiste. Das Buch war in ein buntes Tuch gehüllt. Trotz ihrer hingebungsvollen Pflege und dem überaus sensiblen Umgang verblassten die farbenfrohen Abbildungen allmählich.

Doch im Schein des kleinen Feuers in der Hütte belebte Mama Jala die Zeichnungen und Bilder zu neuem Leben. Voller Inbrunst intonierte sie Absatz für Absatz. Jeden Tag las sie ein neues Märchen und wenn sie die letzte Seite des Buches erreicht hatte, fing sie einfach wieder von vorn an.

Die Kinder hingen an ihren Lippen, sogen jeden Satz auf, wagten kaum zu atmen. Wenn Mama Jala las, dann erschuf sie neue Welten mit fremdartigen Wesen und atemberaubenden Landschaften. Erst als ich die Sprache besser beherrschte, stellte ich fest, dass ihre Erzählungen nur wenig mit den Märchen der Gebrüder Grimm gemein hatten. Sie baute Figuren aus afrikanischen Legenden in die Handlung ein oder ließ tagesaktuelle Ereignisse in die Geschichten einfließen.

Dennoch strich ihr Finger sacht über jedes einzelne Wort der aufgeschlagenen Seite. Von Zeit zu Zeit lugte sie über ihre riesige Lesebrille hinweg und fixierte einzelne Punkte an der gegenüberliegenden Wand. Jeder im Dorf wusste, dass die Brille nur aus einem Rahmen ohne Gläser bestand. Doch ob der Ernsthaftigkeit und Feierlichkeit, mit der Mama Jala das Gestell aufsetzte, zweifelte niemand an der Tatsache, dass zum Lesen eine solche Brille unbedingt notwendig war.

Ich weiß nicht mehr, wie viele Geschichten mir Mama Jala während meiner Zeit in Namibia vorgelesen hat, aber ich erinnere mich genau, dass ich jedes Mal tief ergriffen und seelig lächelnd ihre Hütte verließ. Und genau so erging es den Kindern. Den Kleinen wie den Großen. Diese Jungen und Mädchen, die niemals in ihrem Leben im Kino waren, die weder Zeitungen noch Fernsehen hatten, die noch nicht einmal die nächst größere Stadt kannten und völlig aus dem Häuschen gerieten, wenn mal ein Motorrad oder gar Auto in die abgelegene Gegend kamen. Kinder, die sich schlafen legten, wenn die Sonne unterging und wieder aufstanden, wenn das erste Tageslicht die Dunkelheit vertrieb. Die noch nie das Meer und noch nie Schnee gesehen hatten. Deren Ausbildung sich darauf beschränkte, zu lernen, wie man im Busch überlebt und einfachsten Handel betreibt. Sie alle liebten und verehrten Mama Jala, die ihre Phantasie jeden Tag auf Reisen schickte. Und die insgeheim ein Saatkorn in jedes kleine Gehirn pflanzte. Ein Körnchen, das irgendwann zu einem Wunsch heranwachsen sollte. Dem Wunsch, selbst lesen zu können und vielleicht sogar ein Buch zu besitzen.

Viele Jahre später, ich lebte schon längst wieder in Deutschland, erhielt ich ein Paket aus Namibia. Ein junger Mann schrieb mir, dass Mama Jala vor einigen Wochen verstorben sei. Sie habe noch sehr oft von mir gesprochen und mich zuweilen sogar in spannende Abenteuer verwickelt, die sie den gebannt zuhörenden Kindern in ihrer kargen

Behausung bis zu ihrem Lebensende vorlas. Er selbst sei eines dieser Kinder gewesen. Die Faszination für Bücher, Geschichten und Sprache habe ihn damals erfasst und nie wieder losgelassen. Seit gut drei Jahren arbeite er als Lehrer in Windhoek. Mama Jala habe er alles zu verdanken. Sie habe die Liebe zur Literatur in ihm geweckt und das zarte Pflänzchen so lange gegossen und gepflegt, bis es groß und kräftig genug war und er seinen eigenen Weg gehen konnte. Später habe er erfahren, dass Mama Jala niemals eine Schule besucht hat. Das alte Buch bekam sie von einem der ersten Missionare geschenkt. Sie konnte kein einziges Wort lesen oder schreiben. Ihre Märchen und Geschichten spielten sich nur in ihrem Kopf ab.

Vorsichtig wickelte ich das dicke Buch aus dem Papier. Die Seiten hatten so stark gelitten, dass Bilder und Schrift kaum voneinander zu unterscheiden waren. Aus diesem Buch hatte in den letzten 50 Jahren niemand mehr vorgelesen. Dennoch war es täglich aufgeschlagen worden und der Finger einer besonderen, liebevollen, warmherzigen Frau fuhr unaufhörlich über die einzelnen Buchstaben bis die Druckerschwärze zusehends verblasste. Keine der Geschichten in diesem Buch wurde in den letzten Jahrzehnten gelesen und doch waren sie der Funke, den es in neugierigen Kinderherzen brauchte.

Jetzt steht es in meinem Regal und von Zeit zu Zeit hole ich es heraus. Dann sitze ich am Rand des Bettes meines Sohnes und lese ihm eine Gute-Nacht-Geschichte vor. Meine Finger streichen sacht über jedes Wort und ich erfinde ein Abenteuer mit fremdartigen Wesen und atemberaubenden Landschaften. Später, wenn sein ruhiger, gleichmäßiger Atem mir verrät, dass er eingeschlafen ist, schlage ich die dicke, schwere Sammlung Grimm'scher Märchen zu und denke an Mama Jala, die weder lesen noch schreiben konnte, dafür aber die wichtigste Gabe eines Menschen besaß: Phantasie.

Jedem Ende wohnt ein Anfang inne

Ich erinnere noch gut den Tag, an dem mich meine Mutter in das Krankenzimmer meines Großvaters schob. Sie sagte mir, dass es nun Zeit wäre, sich von Opa zu verabschieden. In meinem Alter begriff ich zwar, dass der alte Herr im Sterben lag, aber ich hatte keine Ahnung, wie man sich von jemandem verabschieden sollte, der nie wieder stockschwingend und wilde Flüche ausstoßend die Tauben vom Gehweg vertreiben würde. Ich liebte meinen Opa, so wie Enkel das für gewöhnlich tun. Und natürlich wollte ich nicht, dass er starb.

Das Zimmer war viel gemütlicher, als ich befürchtet hatte. Trotz der Vorhänge erkämpfte sich das Sonnenlicht eine diffuse Präsenz. Duftkerzen in der Ecke ließen kleine Schatten über die Wand huschen. Der gesamte Raum roch ganz wunderbar nach Zitrone. Noch heute versetzt mich das Aroma von Zitrusfrüchten in diese eigenartige Stimmung, die sich damals am Bett meines Opas in mir ausbreitete. Eine Mischung aus Angst, Neugier und Trauer.

„Setz dich, mein Junge", sagte der alte Mann und klopfte mit seiner Hand sacht auf eine freie Stelle auf dem Bett.

„Hallo Opa", presste ich mit tränenerstickter Stimme hervor.

„Du bist traurig und hast Angst, was?", fragte mein Opa.

Ich nickte stumm, ohne ihn anzusehen.
„Weißt du was, mein Junge, das geht mir ganz genauso. Wir Menschen sind immer sehr besorgt und hilflos, wenn eine bestimmte Zeit abgelaufen ist und etwas Neues beginnt. Die Ungewissheit legt sich wie ein eiserner Panzer um Herz und Seele.
Es erinnert mich an den Sprung von einer Klippe ins tiefe Meer. Wir wissen nicht, was uns erwartet, aber ein Zurück gibt es auch nicht mehr. Die Wenigsten haben keine Angst vor einem solchen Sprung. Einige stehen am Abgrund, zweifelnd, grübelnd und von jeglichem Mut verlassen. Gern würden sie die Uhr anhalten, einfach alles so lassen, wie es ist. Aber stehenbleiben, mein Junge, stehenbleiben kann man nur in seinem Inneren. Die Zeit ist wie ein riesiger Besenwagen, alle die nicht mehr wollen oder können, werden eingeladen und fahren eben ohne eigene Bewegung mit. Wer selbst läuft, kann zumindest versuchen, die Richtung zu bestimmen.
Ich bin schon sehr alt und weißt du, ich habe in meinem Leben schon einige Male auf der Klippe gestanden. Immer ging es darum, etwas Geliebtes und Vertrautes hinter sich zu lassen. Oft war ich verzweifelt, wütend und unendlich traurig. Manchmal wünschte ich mir sogar, einfach vom Meer verschlungen zu werden, weil der Schmerz so groß war. Aber wenn

ich eins gelernt habe, mein Junge, dann, dass jeder Mensch nach dem Auftauchen wieder mit Schwimmbewegungen anfängt. Es kann wehtun und in den Muskeln brennen, Tränen können dir die Sicht nehmen und hohe Wellen das Atmen erschweren – aber du wirst schwimmen. Und irgendwann erreichst du das Ufer und etwas Neues fängt an.

Heute stehst du das erste Mal in deinem Leben auf diesem Felsen und schaust in den Abgrund. Du hast mindestens Respekt vor der Höhe und würdest am liebsten davonrennen. Aber hinter dir ist nichts außer einer Wand aus Erinnerungen. Nimm mein Bild ab und trage es bei dir, wenn du springst."

Mein Opa lächelte sanft und drückte mir den Arm.

„Und Junge, versprich mir eins: Solange du lebst und sooft du auch auf dieser Klippe stehst, fange immer wieder an zu schwimmen! Versprichst du mir das?"

Ich nickte mehrfach, während meine Tränen auf die Bettdecke kullerten.

„Gut, mein Junge, sehr gut." Der alte Mann sah mich ein letztes Mal an und zwinkerte mir zu.

Leise schloss ich die Tür und rannte an meiner Mutter vorbei ins Freie. Und dann schrie ich es hinaus: „Ich werde schwimmen … schwimmen, bis mir die Arme und Beine nicht mehr gehorchen. Ich werde schwimmen, denn jedem Ende wohnt ein Anfang inne."

Von Einem, der auszog, das Leben zu finden

Zärtlich streichelt er seinen Wanderstock,

hölzernes Relikt einer Reise ohne Ziel.

Vom Feuer des Fernwehs erhitzte Gesichter

drängen sich um den alten Barden.

In ihren Augen lodert der Ehrgeiz, es ihm gleich zu tun.

Sind es nicht die fernen Gestade, fremden Länder und wilden Ozeane,

die alle Mutigen und Furchtlosen mit der Frucht der Erkenntnis belohnen?

Der Betagte schüttelt lächelnd den Kopf,

nein, nicht der Ziehende verdient euren Respekt,

es sind die Sesshaften, Duldsamen und Treuen,

die wahrhaftig stark sind.

Und dann sitzt er am Steg und schaut raus aufs Meer

Den Kopf voller Fragen nach was, wo und wer

Es schmerzt die Erinnerung an vergebene Chancen

Ein Leben schwarz/weiß und grau in Nuancen

Das Glück erfahren erst nach der Reise

Er hebt die Hände und verkündet leise

Suchst du nach Deines Lebens Sinn

Nach Gründen für das Sein

Fliegst du auch zu den Sternen hin

Zerschlägst der Weisen Stein

Nach Jahren der Irrung und der Sehnsucht

Strahlt der Erkenntnis Licht

Wo du stehst, gehst und lebst

entscheidet die Sinnsuche nicht

Wichtig ist nicht die Rede

Entscheidend ist die Tat

Lieben, geben und schützen sind des Glückes Saat

Drum such nicht in der Ferne, was du findest hier

Die Antwort nach dem Leben

Die Antwort ist in dir.

Müde und traurig zieht der Alte

am nächsten Morgen weiter

die Schönheit der Natur

ist längst zur Postkartenidylle verkommen

Die Orte haben Namen, Gesichter, Geschichten

Er saugt sie auf und atmet sie ein ... diese Eindrücke

Ein reich gedeckter Tisch

Voll exotischer Gerüche

Fremdartiger Formen

Noch nie gesehener Farben

Doch er ... er wird schon lange nicht mehr satt

Der Mensch, so sagt er,

der Mensch gewöhnt sich an alles

auch an die stetige Veränderung

Und so sitzt er Abend für Abend

an einem anderen Lagerfeuer

erzählt seine Geschichten

schmückt sie aus zu Abenteuern

schaut dabei in ungestüme Kinderaugen

Sein Kopf ist voller Erinnerungen

Doch sein Herz bleibt stumm und leer

Und wenn die Leute ihn fragen,

was ihn am Leben erhält

dann antwortet er:

Die Hauptsache ist,

am nächsten Morgen wieder

mit Hoffnung aufzuwachen.

Die Zeit heilt alle Wunden

Sie sagen, die Zeit heilt alle Wunden und meinen damit diesen blutigen Fleck, der das Ende unserer Liebe markiert wie ein Textmarker die wichtigste Stelle in einer wissenschaftlichen Abhandlung. Ich sehe in viele bedrückte und betroffene Gesichter. Menschen schütteln mir tonlos die Hand, nicken großväterlich mit dem Kopf, treten dann leise zurück. Worte des Mitgefühls prallen wie Gummibälle gegen Garagentore, machen Lärm und dringen doch nicht durch. Trauer bedeutet sprachlose Unerträglichkeit des Seins.

Sie flüstern, die Zeit heilt alle Wunden und meinen damit den Alltag, der Ablenkung und Verdrängung als tröstende Pillen bereit hält. Die Welt kennt keinen Stillstand, kein Innehalten, keinen Moment der absoluten Bewegungslosigkeit. Nur ich bin unfähig, dem Lauf des Tages zu folgen, liege auf dem Bett, esse nicht, schlafe nicht, starre an die Decke und warte … warte vergeblich darauf, dass das Karussell des Lebens anhält und mich aufspringen lässt. Doch die Zeit braucht keine Pause, kein Zwischenstopp, sie fließt und strömt in stoischer Gleichgültigkeit. In ihrem Desinteresse ist sie brutal und tröstlich zugleich. Der Tod bedeutet individuelles Ende und gemeinschaftlicher Anfang des Vergessens.

Sie schreiben, die Zeit heilt alle Wunden und meinen damit das Verzeihen … ein Verzeihen, dass meine Wut und meinen Hass auf die uniformierten Mörder in watteweiche Wehmut verwandeln soll. Aber an meinem Himmel fliegen keine Friedenstauben und ich bin auch nicht der Mensch, der beim zweiten Schlag die andere Wange hinhält. Ich sehe in die Augen der Soldaten und ich frage mich, wie sie es wagen können, am Ende eines Krieges, nach all dem Töten, in ihre Heimat zurückzukehren, ihre Frau und die Kinder zu küssen und sich dann schlafen zu legen. Und ich frage mich, in was für einer zivilisierten und aufgeklärten Welt wir eigentlich leben, wenn ein demokratischer Staat einige seiner Bürger in Uniformen steckt und dafür bezahlt, dass sie anderen Menschen den Kopf wegballern. Gefühle sind Ausdruck der stillen Lebendigkeit unserer Herzen.

Sie singen, die Zeit heilt alle Wunden und meinen damit die Träume, die uns über alle Hindernisse und Unebenheiten des Lebens vorwärts stolpern lassen. Aber ich bin müde und erschöpft, suche vergeblich nach Beziehungen, die Vertrauen vorgaukeln. Meine Tage kleben zusammen wie alte Spielkarten, abgegriffen und schon viel zu oft benutzt. Es ist gefährlich, die Einsamkeit zum Weggefährten zu wählen, denn sie schenkt der Seele zu viel Zeit. Den Kopf voll wirrer Gedanken stürze ich hinaus in die Nacht. Mit schmerzhafter Schönheit dringt der zitternde Klang einer Gitarre in meine Eingeweide. Die Augen geschlossen, renne ich meiner eigenen Verzweiflung davon. Eine Träne wird zur Dürre, ein Ton zur Stille. Die Sonne geht auf und ich trage stolz ein Stück meines Selbst zu Grabe. Glaube bedeutet, die Wahrheit zu fürchten.

Sie glauben, die Zeit heilt alle Wunden, aber das ist nicht wahr, im besten Falle lernen wir, den Schmerz zu ertragen.

Der Straßenmusiker

Er buhlt um einen Augenblick, ein winziges Zögern,
ein flüchtiges Innehalten

Unerschütterlich spielt und singt er gegen
den Nieselregen und das Desinteresse der Stadt an.

Menschliche Hüllen quetschen und nörgeln sich mit
ihren Plastiktüten voll erkaufter Freuden an ihm
vorbei

In Schachteln und Kartons verpacktes Glück für die
nächste halbe Stunde...

oder den Rest des Nachmittags

Von der künstlichen Sonne am Himmel des gegenüberliegenden Shopping-Centers gerötete Gesichter
starren durch ihn hindurch

Wie er dort steht, mit seiner Gitarre und der weichen
Stimme

erinnert er an den berühmten Fels in der Brandung

Standhaft, aber störend

Am Ende des Tages wird der stete Strom auch seine
Musik abgetragen haben

Ton für Ton

Blattsalat

Deutsch ist nicht romantisch

Immer wieder ertönt ein Klagen der Teilnehmer des Volkshochschulkurses „Deutsch for everybody", wenn es um die richtige Zuordnung der Artikel zu den verwendeten Substantiven geht. Nur zu gern verweisen die Sprachschüler auf das Englische, welches nur einen Artikel kennt und wo alle geduzt werden. Dass die Engländer keine Unterscheidung zwischen männlich und weiblich benötigen, lässt sich leicht erklären, wenn man sich vor Augen hält, dass auf dieser Insel ohnehin alle Einwohner irgendwie gleich aussehen. Und das Duzen resultiert einzig und allein aus der Tatsache, dass alle Engländer miteinander verwandt sind … abgesehen von Prinz Charles, der ein uneheliches Kind des Hauptdarstellers aus dem Streifen „Planet der Affen" ist.

Deutsch ist dagegen eine Sprache, die der Unterschiedlichkeit von Mann und Frau, von männlich und weiblich, Rechnung trägt. Ausgangspunkt unserer Grammatik ist die folgende logische Zuordnung: DIE Frau, DER Mann und DAS Kind. Dies macht schon deutlich, dass das Geschlecht der Wörter in der deutschen Sprache kein Akt der Willkür ist, sondern eine exakte Betrachtung der Lebenswirklichkeit darstellt.

Nehmen wir als Beispiel einmal den Beginn des Lebens. Da heißt es völlig zu Recht: DIE vergessene Pille, DIE Schwangerschaft, DIE Geburt und DIE Aufzucht des Nachwuchs. Der männliche Part beschränkt sich dagegen auf: DER Akt, DER Händchenhalter, DER Ohnmächtige, DER kein Blut sehen kann und schließlich DER Unterhalt.

Am Ende des Lebens sind wir alt. DAS Alter betrifft uns alle, deshalb ist es auch sächlich. Allerdings sind die Auswirkungen bei Männern und Frauen höchst unterschiedlich. Weiblich sind DIE Falten, DIE Cellulite und DIE Krähenfüße. Bei uns Männern äußert sich das Alter dagegen anders. Da heißt es: DER Altersstarrsinn, DER Bierbauch und DER Haarausfall. Das Altwerden hat ja auch viel mit der Ernährung zu tun. Frauen achten besser auf ihre Gesundheit, deshalb leben sie auch länger. Nicht umsonst sind DIE Vitamine, DIE Gemüsepfanne, DIE Salatbeilage, DIE Nahrungsergänzung, DIE Halbfett-Margarine und DIE fettreduzierte Milch alles weibliche Substantive. Auf der männlichen Habenseite stehen dagegen DER Burger, DER Vollfett-Joghurt, DER Sonntagsbraten bei Mutti und DER Schokoladeneisbecher mit doppelter Sahne. Aber tröstet euch Männer, trotzdem ist es DIE Kalorie, welche auf DIE Hüfte landen tut. Sorry, aber es heißt ja auch DIE Grammatik.
Männer leben gefährlich. Viele von ihnen sterben im Verkehr ... nein, es heißt hier nicht beim Verkehr,

das sind Präpositionen, die behandeln wir erst nächstes Mal. Die meisten Toten im Straßenverkehr sind Männer, was nicht verwunderlich ist, wenn man bedenkt, dass es DER Überholvorgang, DER tote Winkel, DER Sekundenschlaf und DER Porsche heißt. Frauen sind die besseren Autofahrer. Deshalb sagt man auch folgerichtig DIE Straßenverkehrsordnung, DIE Geschwindigkeitsbegrenzung, DIE Bremse und DIE Parklücke. Da wundert es wenig, dass DER Bußgeldkatalog und DER Führerscheinentzug eindeutig männlich sind.

Um noch einmal auf den anderen Verkehr zu sprechen zu kommen: Man kann das ganze Thema mit zwei Substantiven abhandeln. Es ist DER Sex und DIE Migräne. Dieses offensichtliche Dilemma führt oft zu männlichen Reaktionen, die man grammatikalisch gut einordnen kann. Es folgt nämlich DER Trieb, DER Seitensprung, DER Besuch bei der besten Freundin der Ehefrau, DER Kontrollverlust und DER Jagdinstinkt, der so manchen frustrierten Ehemann in das Bett DER schönen Nachbarin treibt. Aber Vorsicht Männer, DIE Konsequenz ist weiblich und manifestiert sich in Substantiven wie DIE Eifersucht, DIE Rache, DIE Folter und letztlich DIE Sterbehilfe.
Überhaupt könnte man bei Wörtern wie DIE Schönheit, DIE Begabung, DIE Intelligenz, DIE Reinheit, DIE Vollendung und DIE Perfektion den Eindruck gewinnen, dass alles Schöne und Gute in dieser Welt

weiblichen Ursprungs ist. Aber Männer, es ist DIE Lüge, DIE Täuschung und DIE Kosmetik, die unsere Sinne vernebelt.

Tarek sagte an dieser Stelle zu mir: „Ja, klar Alter, aber warum heißt es dann DER Herd und DIE Bohrmaschine, häh? Ist doch voll unlogisch und voll der krasse Widerspruch!"

Und ich:
„Äääääähhhmmm....also....nööööö...überhaupt nicht, das nennen wir einfach DIE Emanzipation."

Durch das wilde Absurdistan

Meine versehrten Damen und Herren, wertes Oratorium. Ich muss mich an dieser Stelle wirklich mal über eine Sache exhumieren. Die meisten meiner Kollegen sind nicht kollabiert genug, wenn es um Verlautbarungen pittoresker Argumentationsfrakturen geht. Das ist eine tragerische Entwicklung. Die Sprache ist doch keine Konstitution, die in Stein gemeißelt wurde. Es geht, Sie werden es ahnen, um die Verwendung von Fremdwörtern, also Buchstabenkombinationen, mit einem gewissen Installationshintergrund. Gut, man muss diese Thermik auch nicht künstlich hochsterilisieren, aber es nervt schon, wenn einfachste Parabeln völlig falsch angewendet werden. Das geht doch schon im Alltag los, beispielsweise beim Einkauf.

Letzte Woche wollte meine Konkurbine sich einen Perverser-Teppich kaufen. Der Kaufpreis lag jedoch weit über ihrem Bidet. Jetzt muss man wissen, dass der Absurde als solcher, wie alle Perverser, durchaus Spaß am Feilschen hat. Deshalb sprach er:

„Lassen Sie uns ganz sympathisch vorgehen, Gnädigste. Das Produkt, welches Ihre Aufmerksamkeit zerlegt hat, besteht aus 100% ökonomischen Pflanzenderivaten. Und auch bei den Arbeitsbedingungen wurden höchste internationale Standarten angelegt. Sehen Sie sich nur diese kleinteilige Musterung an, das war für die Weberinnen die reinste Syphilis-Arbeit."

„Wissen Sie, normalerweise eskaliere ich sehr zurückhaltend bei solchen Verbrechen."

„Halten Sie mich etwa für einen Kleinspirituellen? Hören Sie, ich infiziere mich voll und ganz mit diesen Produkten. Ein echt origineller Perverser-Teppich ist ein Kultobjekt, genauso wie dieser Kinofilm, Sie wissen schon, ,Die Rückkehr der Jedi-Rentner'. Seit Jahrhunderten werden in meiner Heimat Teppiche gewebt. Es gibt hysterische Quellen, wonach die Teppiche vor dem Rasen auf der Welt waren und noch weit vor dem Laminat. Diese Tatsachen kann man doch nicht läuten, Gnädigste!"

„Ach, guter Mann, ich reagiere höchst algerisch auf derartige Marketingstratosphären. Mag sein, dass Sie eine Konifere auf dem Gebiet der Teppichherstellung sind ... zumindest machen Sie einen sehr korpulenten Eindruck auf mich ... aber letztlich bin ich Werbeversprechen gegenüber schon immer renitent gewesen."

„Gute Frau, Ihre Haltung imprägniert mir. Gern würde ich Sie mal in einem primaten Umfeld wiedersehen. Bei einem köstlichen Kaffee könnten wir weiter intensiv über die Gefahren beim Teppichkauf lamentieren."

„Ich glaube, das wäre keine gute Idee. Eine solche Konfrontation würde sicherlich in einem Orakel enden. Denken Sie nur mal an Ihre vielen Frauen. Als

Perverser haben Sie bestimmt einen kleinen Harem. Ein infantiles Treffen würde Sie sicherlich ganz schön in die Bretagne bringen."

„Oh nein, werte Dame, ich lebe in völliger Monotonie. Meine Frau Ayse, unsere beiden Kinder Mahmut und Oktay, zwei Knaben von kräftiger Investition und unser Hund ... so ein weißer mit schwarzen Flecken ... na Sie wissen schon ... ein Masturbiner freuen sich immer über Besuch. Die orientalische Welt mag für Sie nach wie vor ein Ministerium sein, diesen Eindruck werde ich auch nicht korrupt ändern können, aber vielleicht stellen Sie bei einer Visite fest, dass bei uns die Gastfreundschaft reagiert. Das ist wirklich keine Konfektnascherei!"

„Mit Ihren schönen Geschichten können Sie mir nicht importieren. Mein Vater, der früher Reaktor an einer Grundschule war ... ein genitaler Mann ... reise viele Jahre nach Perversien. Ohne hier ein Exempel stationieren zu wollen, muss ich feststellen, dass seine persönliche Akne eine andere Sprache spricht. Er hatte damals bei jeder Gelegenheit hieb- und stichfeste Alimente, wenn man in bierseliger Runde über die Vorzüge eines Lebens in der westlichen Atmosphäre reduzierte."

„Also jetzt reicht es aber! Als Perverser gebe ich Ihnen das Verbrechen: wir sind ein frigides Volk UND fazipissdich! Die meisten Stellen in unserer Armee sind markant, weil die Soldaten ihre FINTEN ins Korn geworfen haben. In meinem Gewebe finden Sie keinen einzigen Vertreter des Millionär. Kriege sind nur etwas für Nationen, die genug Waffeln im Anal-kanal haben. Wir Perverser sind schon hysterisch gesehen Kosmoproleten. Ich selbst war damals auch so ein Protestant und habe beim größten Autotorso des Orients mitgemacht. Zu dieser Zeit wurden alle perversischen Computer von der Geheimpolizei kompostiert. Später mussten alle Festplatten neu formuliert werden. Mein eigener Bruder wurde dabei sogar verhaftet und erst Jahre später im Zuge einer Amnesie freigelassen. Noch heute fällt es ihm schwer, sich in die Gesellschaft zu infiltrieren. Haben Sie etwa noch mehr Vorurteile in Ihrem Reservoir? Nein? Jetzt gehen Ihnen wohl die Fundamente aus, was? Ich lasse mich jedenfalls nicht weiter von Ihnen produzieren. Sie sind mit Ihren sadistischen Ansich-ten eines Perverser-Teppichs überhaupt nicht wür-dig. Gehen Sie lieber um die Ecke ins Café und essen Sie ein Himbeerkomplott. Das hilft gut gegen Ihre geistige Bakterienverkalkung. Sorry, aber das musste einfach mal verbal gesagt werden."

Diese Geschichte zeigt ekstatisch, wie schnell man Gefahr läuft, sich missverständlich auszudrücken, wenn man kein Exporteur der Sprache ist. Darum möchte ich dafür applaudieren, dass wir alle uns wieder auf die Schönheit und den Reichtum der deutschen Sprache besinnen. Die Fremdwortflut gas-tiert wie eine Grippewelle in diesem Land. Simulie-ren wir unseren Wortschatz jetzt neu. Nicht, dass unsere geliebte Muttersprache am Ende eine Blutillusion benötigt, um überleben zu können. Ich danke für Ihre Aufmerksamkeit, Ihre Begeisterung, die schon fast einer kollektiven Metastase glich.

P.S. Dieser Text entstand Anno Dominik 2013

Prinz of Provinz

Es ist nun an der Zeit, hier mal eines klar zu stellen
Hunde, die beißen, haben wenig Bock zu bellen
Was ich damit sagen will,
das wird nicht sofort klar
Deshalb schenkt mir euer Ohr
wie dem Keeper an der Bar

Es gibt in diesem Land eine seltsame Bewegung
Für die hat weder BILD
noch der Duden 'ne Erklärung
Ich spreche hier von
pawlowschen Landfluchtreflexen
Was lediglich meint, das alle durch die Citys hetzen

Da stehen sie dann in Clubs
und hören sehr viel **Dub** step
Geredet wird nicht viel,
dafür gibt's schließlich **Whats** App
Hier protestiert man online
in diesem In**tra** net
Gegen politische Idiotie
in Kostüm und **Ja** cket
Alle essen Bio
aus dem Laden von Mo **ha** med
und Senioren verschmelzen
mit 'nem Fen**ster** brett

Poetry Slam ist hier viel nicer
als das Ka **ba** rett
Sie übernachten vor dem Apfel-Store
für'n albernes **Ta** blet
Hundescheiße fügt sich perfekt
zu braunem **Par** kett
Jeder Mist ist hier ein Event
und sowieso **mal** fett
Sie wohnen in Kreuzberg
zusammen mit Franz **und** Sepp
Die kommen zwar aus Bayern
sind aber trotzdem **ganz** nett
Nach 2 Wochen fühlen sie sich als Berliner
und zwar **kom** plett
Mich lachen sie aus,
denn ich wohn noch immer in **Helm** stedt

Ihr glaubt, die Stadt bestimmt die Coolness
wie die Bundesbank den Leitzins
Alter, check mal diesen Flow,
hier kommt the King of Province
Die Gewalt regiert in eurem trostlosen Ghetto?
Freunde, ich kauf euch Taschentücher
bei uns im Netto.
Da arbeitet die schönste Frau,
die ist schon Mitte vierzig
Sie hieß früher Klaus
und war einst Schützenkönig

In der Provinz gibt's kein Nachtleben
und auch keine Droge
Dafür ist unser Schlachter auch gleich der Urologe
Bei euch steigen die Mieten
und die Makler grinsen breit
Hier am Arsch der Welt
haben wir viel mehr Raum als Zeit

Ihr sagt, bei uns sind Gummistiefel
voll die Haute Couture,
Alter, dafür hab ich 'nen Parkplatz
direkt vor meiner Tür

Hipster, Atzen, Luden, Bitches
 – kennen wir alles nicht
Bars und Kiez und Szenekneipen
sind hier nicht in Sicht
Wir haben zwar keinen Schimmer,
wer die Babos sind
Dafür zerlegt hier jedes Kind routiniert ein Rind
Ihr habt einen Bahnhof,
so groß wie eine Kleinstadt???
Bei uns hält der Bus nur,
wenn vor ihm einer einparkt

Am Wochenende macht ihr Party
mit Cocktails und Club Mate
Steppt locker auf den Dancefloor,
kennt alle Klangformate

Der DJ kommt aus London
und remixed 'ne Ursonate
Die Ladies schwingen ganz beseelt die Hufapparate
Dank Botox sind sie knackigfrisch wie Biosalate
In jeder Ecke hängen coole Vintage-Plakate
Draußen gibt's Beef mit Bier und Live-Karate
Am Ende auf dem Gehsteig eine Kotz-Parade

Labert keinen Scheiß
von der Stadt die niemals schläft
In der ein jeder Gärtner die Kiez-Neurosen pflegt
wo sich alles nur um die eigene Achse dreht
und der Touri dem Busfahrer auf die Eier geht
wo ein Rentner alle Dealer
mit dem Krückstock schlägt
und Bushido in einem Promiviertel seine Treppe fegt
wo ein olles Säulentor das Stadtbild prägt
das statt Berlin .... Brandenburg als Namen trägt
wo im Hinterhof die Olle aus dem Fenster quäkt
und jeder Affe sich zur hippen Künstlerszene zählt
wo beständig ein Döner Kebab-Duft
durch die Straßen weht
und eine Mauer als Zeichen der Teilung steht
ähm sorry ... dieser Reim kommt wohl etwas spät
aber wie soll man sowas auch erfahren,
wenn man auf dem Lande lebt

Sei'n wir doch mal ehrlich
und betrachten wir die Fakten

In der Großstadt fehlt die Wärme
und natürlich auch die Nackten
Ihr seid vom ganzen Lärm gestresst
und oft sehr müde
Und das mit dem studieren
ist doch mehr 'ne Attitüde
Ihr meint, es regiert die Spießigkeit dort,
wo ich wohne
Ich sage nur Gentrifizierung und Umweltzone
Ihr fragt nach dem Praktikum,
was mach ich nur bloß?
Wir studieren erst gar nicht,
sind gleich arbeitslos
Hier ist die Luft noch frisch,
man kann in den Himmel schauen
Ganz ohne Investoren,
die den Horizont verbauen
Ihr macht euch lustig
über Schützenfest und Biosprit
Doch wenn hier einer stirbt,
kriegt man das wenigstens noch mit
Frag ich euch nach Kumpels
und den Nachbarn aus dem Haus
Holt ihr das Smartphone
mit der Facebook-Freundesliste raus
Euer Wissen reicht von Medienrecht bis Zellchemie
doch braucht ihr 'nen Workshop geht's um Phantasie
Eure Flirts gleichen einem Flughafenausbauplan
und Sex gibt's nur beim Drängeln in der Straßenbahn

Die Provinz ist viel cooler und krasser als man denkt
Hier wird die Liebste noch mit Kohlrabi beschenkt
Alle sind in der Feuerwehr und im Heimatverein
Jeder kennt jeden, man ist niemals allein
Kommt doch mal zu uns, wir laden euch ein
Lasst den Provinz-Pulsschlag in die Blutbahn rein
Doch Vorsicht ist geboten, glaubt es mir
Manch hartes Ghettokind
lag schon schweißgebadet hier
Auf dem Land ist es nachts dunkel
und im Wald da knackts
Doch scheißt sich hier keiner in die Hose,
es hat jeder ne AXT!!!
Den letzten Tip, den geb ich euch gratis
Kommt mal runter vom Ross und chillt an der Basis.

Dreh den Swag auf, Vater!

Meine Amen und Herren, liebe Rapper
Bewegt die Arche, hier kommt Jesus, der Checker
Während andere voll aggro über ihr Ghetto reimen
Werd ich erstmal schnell an der Bergpredigt feilen
Denn meine Botschaft lautet Love
und viel Peace
Dafür brauch ich keine Knarre, kein Dope
und kein Kies
Bei mir gibt's kein Hass und keine Skandale
Ich bin der Messias mit Kreuz und Sandale
Mache Wasser zu Wein, Blinde könn wieder sehn
Die krassesten Wunder im Handumdrehen
Meine Homies haben Style, gehen ab wie Raketen
Mütter gehn auf die Knie und nennen sie Propheten

Am Kreuz, da hab ich auch für euch gelitten
Und als Dank gibt's jetzt Songs
über Ärsche und Titten?

Eure Plattenverkäufe seit Jahren im Keller
Meine Bibel dagegen ein verdammter Bestseller
Ihr habt vergoldete Felgen am … Thunderbird
Ich scheiße auf Luxus … bin ein Wanderhirt
Darum labert nicht von Ehre und Respekt
Jesus is in tha House und meine Skills sind perfekt

Alter, versuchst Du etwa mich hier zu dissen
Check meine Zeilen und dann weine ins Kissen
Heiländer wie Du sind die reinste Plage
Seid Verführer, Lügner und Scharlatane
Im Grunde genommen ne ganz üble Sekte
Schutzgeld kassiert ihr in Form von Kollekte

Deine Scheiße mit der Liebe ist echt nicht mehr cool
Das klingt voll nach Pussy und auch ziemlich schwul
Deine Mutter mit ihrem Jungfrauen-Style
Macht nicht mal nen alten Esel geil
Laber Du mal weiter von Paradies und Himmel
Auf Erden bin ich DER, mit dem größten Pimmel

Bitte hör auf zu rappen,
alberner Gangster-Klon
Hier sitzt nur einer
auf dem goldenen Hip-Hop-Thron
Dir fehlt schlicht die sprachliche Munition
Meine Poesie ist fetter, sie ist Religion

Du denkst, du bist hier der Boss im Biz
Alter check mal die Story of Genesis
Du rappst über Bitches, Drogen und Sprachtalent
Meine Rhymes sind so fett, die stehen im Testament

Du glaubst, du bist fame,
stehst im Blitzlichtgewitter
Junge, ich hab mehr Follower
als Online-Dienst Twitter
Du klagst über Bullen und den Staatsfaschismus
Doch wenn hier einer leidet, ist es Jesus Christus

Deshalb spart euch die Sprüche
über Facetten beim Rappen
Da helfen keine Tattoos
und auch keine Goldketten
Nicht die Songs über Sex
auf Treppen und Betten
Am Ende bittet ihr zitternd,
ich soll euch Deppen erretten

Meine Crowd ruft einstimmig:
Lass sie liegen im Dreck
Diese Spasten zu retten, hat gar keinen Zweck
Die Muskeln stahlhart, doch die Pimmel ganz weich,
was soll'n diese Assis im Himmelsreich?

Doch ich bin der Heiland und ich liebe jeden
Auch diese Amöben soll'n es erleben
Es den anderen Einzellern weitererzählen
Kommt in meine Hood und ich werde euch segnen

Jetzt gehe ich steil und beende den Track
Denn ich bin Jesus and I'll be back!

Auch der Sommer
hat seine Schattenseiten

Wenn Mutter Natur gewollt hätte, dass wir im Hochsommer halbnackt an Stränden, Uferböschungen oder in Freibädern herumliegen, hätte sie uns schönere Körper geschenkt. Oder unsere Sehkraft vermindert. Als durchschnittlicher Mensch ist es vollkommen unmöglich, in Badeklamotten gut auszusehen. Hauptgrund hierfür ist der eigene Körper, den man ständig mit sich herumschleppen muss und der Fakt, dass man bei der Bademode auf das Motto „weniger ist mehr" setzt. Ich kenne praktisch niemanden, der mit seiner Figur zufrieden ist. Wir alle sind zu dick, zu dünn, haben zu wenig Haare auf dem Kopf, zu viele auf dem Rücken, krumme Beine, zu große Nasen, zu kleine Brüste, sind schwabbelige, unansehnliche Fleischberge mit Orangenhaut und hängenden Mundwinkeln.

Einige von uns sehen dennoch gut aus. Das sind Mutanten, bei denen die Genetik verrückt gespielt hat. Sie essen über den Tag verteilt drei Mohrrüben und zwei Scheiben Vollkornzwieback, was ihnen die notwendige Energie für ein sechsstündiges Krafttraining oder drei Aerobic-Kurse in Folge verleiht. Am Strand liegen diese mutierten Leckerbissen grundsätzlich in der ersten Reihe, damit sie uns Andersgeformten das ganze Ausmaß des visuellen Dilemmas schonungslos vor Augen führen können. Während sie ihr Bodypainting mit Fingerfarben gestalten, holen wir dafür die Fassadenfarbe aus dem Baumarkt, während sich die Sonne auf ihrem Waschbrettbauch bricht, wirft unser Waschbärbauch einen riesigen Schatten auf die spielende Kinderschar und während sie sich auf einem Gästehandtuch leger die Frisbee-Scheibe zuwerfen, breiten wir schweißgebadet die LKW-Plane aus, damit sich die Liebste neben uns legen kann.

Menschen tragen Kleidung, um das ganze Elend zu verstecken und damit erträglich zu machen. Allerdings gilt in unmittelbarer Gewässernähe ein unbarmherziger Dresscode. Bikinis und Badehosen bestehen aus schreiend bunten Kunstfaserresten, die sich in minimalistischer Weise um die primären Geschlechtsteile wickeln. Diese Augenkrebs verursachende Farbparade setzt sich bei den mitgebrachten Strandlaken und Handtüchern fort, deren total missratene Muster oder quietschvergnügte Comicfigurenaufdrucke á la Pokemon, Micky Mouse, SpongeBob usw. eindeutig den Tatbestand der Körperverletzung erfüllen.

Nicht auszurotten ist daneben die Gruppe der Sonnenanbeter, die aufgrund religiöser, historischer oder ... bildungsdefizitärer Gründe auf die Verwendung von Sonnencremes komplett verzichten und ihre Büroblässe quasi ungeschützt dem Strahlen des Himmelskörpers übereignen. Die dabei entstehenden

Farbnuancen erreichen ein Spektrum zwischen dem Blassrosa eines Weihnachtsmannkostüms und der fast schon ins Violett abgleitenden Ansicht von zerkochter Roter Bete.

Diese, ich will es mal so nennen, Selbstverstümmelung dient lediglich dazu, einen gesellschaftlich anerkannten Bräunungsgrad zu erreichen. Blasse Menschen mit dem Teint von Kalksandstein sehen krank und scheiße aus, vor allem im Sommer! Da sind sich Bravo, Bild und Dieter Bohlen einig. Und die Heidi Klum sagt das auch. Und die Heidi Klum muss das wissen, schließlich treibt sie jedes Jahr mit debilem Grinsen hunderte von jungen Mädchen in die Magersucht und wurde dafür auch noch zur Fashion-Queen gekrönt. Die Ergebnisse ihrer sogenannten Show kann man dann auf den Laufstegen dieser Welt betrachten, wo sie als Mensch gewordene Hungersnot irgendwelche zusammengetackerten Kettenhemden von wunderlichen Designer-Honks präsentieren. Diese Mädchen sind schön, wunderschön, Topmodels, Grazien, eine Zierde für jeden Strandabschnitt.

Wir unwürdigen, unförmigen Fettsäcke haben nur eine Chance am Strand gut auszusehen. Einfach von den Kindern bis zum Hals einbuddeln lassen, so dass nur noch der Kopf herausragt. Und dann heißt es warten … warten, bis irgendwann die Schönheit wieder im Auge *des* Betrachters liegt und nicht in den Augen einzelner, egomanischer Selbstdarsteller, die in den Medien ihre eigene Dummheit zur Schau stellen, als wäre sie ein Glitzerkleid von Armani.

Und hey, wie wir alle wissen: Wahre Schönheit sitzt meistens drinnen.

Wunderland

„Helga."

„Heeeeeeeellllgaaaaaaaa???"

„Wat is?"

„Wat is? Wat is? Hast du da unten ein Bild oder was?"

„Nee, immer nur so Geflimmer. Man kann nichts erkennen."

„Verfluchte China-Scheiße!"

„Waaaas?"

„Nichts. Ich drehe weiter. Wenn du ein Bild hast, schreie sofort!"

„Ja gut. Aber mach mal hin, meine Serie fängt gleich an."

„Meine Serie", dachte Helmut. Immer diese beschissene Serie. Seit mehr als 20 Jahren. Jeden Sonntag das Gleiche. Er hatte es so satt. Sie hatte noch keine einzige Folge verpasst. Jeder Urlaub wurde so gelegt, dass sie rechtzeitig zurückfuhren oder das Hotel musste eine eidesstattliche Versicherung abgeben, dass man ARD empfangen konnte. In den letzten Jahren war aber selbst das zu unsicher und sie verreisten nur noch innerhalb Deutschlands. Außer in den Osten. Da fuhren sie nicht hin. Helga meinte, dass man nicht sicher sagen könne, ob die nun zwischenzeitlich auch Westfernsehen hätten. Man hörte ja so Einiges über den Osten. Helmut hörte nie etwas

269

über den Osten. Außer, dass ab und zu mal eine Kaltfront von dort in den Ruhrpott rüberzog, aber sonst … nee, sonst konnte er nix Negatives über die Zonis sagen. Letztlich waren das ja auch Deutsche wie du und ich. Was konnten die dafür, dass sie 40 Jahre hinterm Zaun leben mussten. Ohne Westfernsehen und ohne Serien. Wenn er es so recht bedachte, war das im Grunde kein schlechter Zustand. Gut, es gab keine Westprodukte, aber dafür hätte er seine Frau auch nicht mit einer Serie teilen müssen. Vielleicht mit der Partei, aber die war wenigstens real. Außerdem, dachte sich Helmut, außerdem hätte er in der Zone niemals das Problem mit dieser beschissenen Satellitenschüssel gehabt. Erstens kannten die so etwas gar nicht und zweitens, selbst wenn sie es gekannt hätten, dann wäre das ein ostdeutsches Produkt gewesen. Wenn das nicht funktioniert hätte, hätten alle mit der Schulter gezuckt und eben wieder Kofferradio gehört. Mann, was müssen das schöne Zeiten gewesen sein. Ganz ohne diese Serien und diesen Zwang, ständig die Glotze laufen zu haben.

„Helmuuuuuut, wat machst du denn da oben? In einer Stunde fängt meine Serie an. Wenn dat Dingens nicht bald läuft, dann tue ich zu die Karin rübergehen."

„Ja, ja, ich mach ja schon! Hast du wenigstens schon Ton?"

„Nee, nur so ein komisches Orgelzeug wie bei Astro-TV!"

„Wat, Astro-TV haben wir schon??"

„Nee, wir haben nur so ein Geflimmer mit bunte Bilder, wie damals als wir noch Joints und Pilze geraucht haben. Also, Kerl, wat ist nu?"

„Ich probiere nochmal die andere Richtung."

Helmut drehte die Schüssel in Richtung des alten Schachtgeländes, wo er als Kumpel mehr als 40 Jahre in den Berg eingefahren ist. Er hatte gutes Geld verdient. Genug, um sich und Helga dieses kleine Häuschen zu kaufen, auf dessen Dach er nun saß. Unten im Wohnzimmer stand so ein neumodischer Flachbildschirm. Fast 60 Zoll und nicht viel kleiner als die gesamte Zimmerwand. „Der kann sogar Internet" – hatte der Verkäufer gesagt. Und Helga hatte gestrahlt und genickt. Helmut hatte von diesem Internet schon einmal gehört, war sich aber nicht sicher, in welchem Zusammenhang. Auf jeden Fall fing mit diesem Kauf das ganze Drama an. Nichts funktionierte mehr wie gewohnt. Der Verkäufer meinte dann am Telefon, dass es nur an der Schüssel liegen könne, der Flachbildschirm sei allerneueste Technik und über jeden Zweifel erhaben. Also schickte Helga ihn aufs Dach und wurde immer hysterischer, weil ihre Serie gleich anfing und sie noch immer kein Bild hatten. Helmut setzte sich neben die Schüssel und dachte an die Zeiten zurück, als sie abends noch miteinander sprachen, als der Fernseher höchstens mal am Wochenende eingeschaltet wurde – um die Bildröhre zu schonen, wie er Helga damals fachmännisch erklärte. Heute lief die Kommunikation zwischen ihnen beiden nonverbal ab. Ein kurzes Nicken und sie reichte ihm das Salz, ein kurzes Kopfschütteln und er wusste, dass sie keinen Kaffee mehr wollte. Ein Achselzucken seinerseits und sie bestimmte das abendliche Fernsehprogramm. Die bunten Bilder in der Glotze übernahmen das Denken, das Sprechen und das Fühlen.

Schnitt!!!

Hungersnot im Sudan, Zehntausende Menschen in Zelt-lagern, kurze Bildfolge von Kindern mit dicken Bäuchen und Müttern mit verzweifelten Augen
– MITLEID für exakt 11 Sekunden –

Schnitt!!!

Talkrunde bei Jauch, Thema Mindestlohn, anwesende Fri-seurin berichtet über ihren Vollzeitjob bei einem Stunden-lohn von 3,75 Euro
– EMPÖRUNG für exakt 8 Sekunden –

Schnitt!!!

Reality-TV auf RTL II, er kauft ihr einen Ring für 38.000 Euro und ein Designerkleid für 22.000 Euro in Davos, wo die beiden Schönheitsoperierten Dummbratzen eine 18-Schlafzimmer-Villa mit 7 Angestellten bewohnen

*– NEID, MISSGUNST und SEHNSUCHT für exakt 12
Minuten –*

Schnitt!!!

*Werbung, Schnitzel für den Toaster, das man nicht
Schnitzel nennen darf, weil es gepresstes Separato-
renfleisch ist
– HUNGER für exakt 4 Sekunden –*

Schnitt!!!

*Tier-Doku auf WDR, kleine niedliche Koala-Babys, die im
Wuppertaler Zoo das Licht einer vergitterten und verglas-
ten Welt entdeckt haben
– INFANTILE FREUDE und RÜHRUNG für exakt 14
Sekunden –*

Schnitt!!!

*Vorabendserie auf ARD, die kleinen und großen Tragödien
unseres Daseins, Homosexualität, Fremdenfeindlichkeit,
minderjährige Mutter, krebskranker Hausmeister, quer-
schnittsgelähmter Arzt, Arbeitslosigkeit, Lebensmittel-
skandal, Umweltverschmutzung, Bankenkrise, Weltraum-
schrott, Seitensprünge, Religionsfreiheit, Sexueller
Missbrauch, Alkoholabhängigkeit, Drogensucht, Korrup-
tion, Karriere, Wohnungsnot, Mord, Totschlag, Hochzeit,
Scheidung, Abtreibung, Umzug, Einzug, Hartz IV, Steu-*

erhinterziehung, Gewalt, Gefühle, große Liebe, Politik,
Gesellschaft, Familie, Tod
– das ganze LEBEN in exakt 60 Minuten –

Schnitt!!!

Rauschen!!!

Flimmern!!!

Und irgendwo in diesem Wunderland sitzt jemand
auf dem Dach, dreht eine Schüssel mal in diese, mal
in jene Richtung und versucht damit, der Realität zu
entfliehen, indem er der Fiktion ein Bild gibt.

Extrablatt

Im Internet kann man alles finden.
Aber wo?

Ich persönlich glaube ja, dieses Internet wird sich nicht durchsetzen. Das ist doch nur so ein Trend. So eine kurzfristige Erscheinung. Nicht mehr als ein Intermezzo in der Menschheitsgeschichte. Im Grunde so etwas wie Ballonseideanzüge. Klar, das hat man in den Achtzigern getragen und das fand man auch schick. Aber damit läuft doch keine Sau mehr herum. Na gut, so ein paar Nostalgiker vielleicht. Aber eigentlich haben wir alle diese Phase überwunden.

Bei diesem Internet wird es genauso sein. Irgendwann wird man sich vor die Stirn hauen und seinen Kindern lachend erzählen: „Mensch, damals, das waren vielleicht verrückte Zeiten. Kann man sich heutzutage gar nicht mehr vorstellen. In diesem Internet verschwanden früher unglaublich viele Senioren, nachdem sie die Tastenkombination ALT und ENTF gedrückt hatten. Und nach den Senioren traf es unzählige Autofahrer. Damals fragte niemand mehr nach dem Weg oder schaute in den guten, alten Straßenatlas. Man verließ sich voll und ganz auf das Navigationsgerät. Klar … natürlich sahen die Kraftfahrer den Baum kommen, aber das NAVI befahl leidenschaftslos: „Bitte jetzt rechts abbiegen. Jetzt rechts abbiegen." Und dann … ja, dann gingen die Lichter aus.

Besonders schlimm traf es in dieser Zeit die Jugend. Die tauchten zu großen Teilen völlig in virtuelle Welten ab. Mit Fast Food gestählten Bäuchen und Red-Bull getränkten Augen saßen sie vor Flachbildschirmen, so groß wie Plakatwände und steuerten ihre Avatare durch wilde Schlachten und gefährliche Missionen. Während ihre computeranimierten Abbilder über unfassbare Fähigkeiten und Kräfte verfügten, hingen die realen Teeniekörper wie eine schlappe, zerkochte Nudel auf ihren Drehstühlen herum. Damals reichten schon 2,60 Meter um Deutscher Jugendmeister im Weitsprung zu werden. Die anderen Teilnehmer verwechselten den Absprung- mit einem Ladebalken und blieben einfach davor stehen. Als das Internet in Deutschland mal für zwei Tage ausfiel, erklärte ein junger Mann im Fernsehen, dass er Zeit mit seiner Familie habe verbringen müssen und dabei feststellte, dass das eigentlich ganz nette Leute seien.

Diese offensichtliche Sprachlosigkeit zog sich indes durch alle Bevölkerungsschichten. Zustimmung und Ablehnung, Sympathie und Antipathie, Interesse und Desinteresse wurden nur noch durch Likes und Kommentare in sozialen Netzwerken zum Ausdruck gebracht. Dort konnte man nach Herzenslust mit anderen Menschen in einer Sprache kommunizieren, die auf das Wesentliche reduziert und auch sonst Ausdruck geistiger Begrenztheit war. Hier ein Beispiel:

Frage: „Ey, schon mal Fahrrad gecruist?"
„Hehe^^ lol was ne Frage … nee ich benutze sowas nicht!"
"Rofl, du hast lol gesagt..."
"lol, der hat rofl gesagt xD"
"OMFG wer benutzt denn so ein Shice ist ja voll Lol"
"Omfg ihr seid ja rofl regt euch ab, naja ich finds lol *gg*"

Zu dieser eigenartigen Reduzierung des Wortschatzes gesellte sich der unbedingte Drang, alles und zwar wirklich alles, mit seinen virtuellen Freunden, den sogenannten Followern zu teilen. Millionen von Urlaubsbildern, aberlustigen Katzen- und Kleinkindvideos, zahllose dümmliche bis abgedroschene Kalendersprüche, unzählige Mitteilungen über die eigenen Befindlichkeiten beim morgendlichen Stuhlgang, bis hin zur Bekanntgabe mit wem man wo weshalb wann und überhaupt gerade war, landeten auf diesen Plattformen der persönlichen Eitelkeiten und Selbstdarstellung. Mein Haus, mein Auto, mein Boot wurde ersetzt durch „134 Leuten gefällt das" und „64 neue Kommentare".

Und genau in diese Zeit der absoluten Allmacht von Bites und Bytes gab es einen riesigen Skandal, eine Kehrtwende im Bewusstsein, ein Umdenken historischen Ausmaßes. Diese Zäsur in der jüngeren Menschheitsgeschichte war eng und untrennbar mit drei Buchstaben verbunden: NSA! Der amerikanische Bruder, Weltpolizei und Vorbild in allen Lebensplagen hatte uns ausspioniert. Also nicht nur uns. Aber uns eben ganz besonders. Ein Aufschrei ging durch die Nation. Die Amerikaner wissen alles, hieß es damals. So manch verzweifelter Ehemann soll in der Folgezeit dort angerufen haben, um darum zu bitten, dass die NSA ihn rechtzeitig an den Hochzeitstag und den Geburtstag der Liebsten erinnern möge. Verzweifelte PC-Besitzer fragten an, ob der Geheimdienst ihnen ihre Daten wiederbeschaffen könne, nachdem der Computer abgestürzt war.

Es hielt sich hartnäckig die Vorstellung, dass die USA ein riesiges Heer an Agenten beschäftige, das den lieben langen Tag alle Katzenbilder, Kalendersprüche und Kochrezepte auf Facebook nach verdächtigen Hinweisen kontrollieren würde. Jede einzelne Mausbewegung sahen sich diese Spione an, davon war die aufgeschreckte Internetgemeinde überzeugt.

Hält man sich allerdings vor Augen, dass zu jener Zeit auf der ganzen Welt 3,7 Millionen E-Mails verschickt wurden und zwar … pro Sekunde, dann kann man sich vorstellen, dass die jährlich verschickten 117 Billionen E-Mails nicht komplett durchgesehen werden konnten. Was haben die Donald Ducks der Geheimdienstszene aber dann mit diesem Datengebirge angestellt? Die Antwort lautet: Algorithmen. Ein paar mehr oder wenige intelligente Nerds mit Hornbrillen und Cordhosen saßen im Kellerge-schoss des Geheimdienstkomplex und ließen sich computergestützte Filter einfallen, um diesen riesigen Datenmüllhaufen nach bestimmten Kriterien zu trennen. Das war aber nur der erste Schritt. In einem weiteren Durchlauf suchten die Programme nach Korrelationen in den Datensätzen. Diese Übereinstimmungen dienten schlussendlich dazu, bestimmte Gefährdungs- und Risikoeinschätzungsaussagen zu treffen. Klingt kompliziert, ist aber relativ einfach anhand eines Beispiels zu verdeutlichen:

Nehmen wir einmal an, Sie heißen Jens R., sind männlich und Single. Sie wohnen in Hamburg und zwischen 18 und 30 Jahren alt. Ihr Vater ist ein ange-sehener Rechtsanwalt und ihre Mutter Hausfrau. Das Architekturstudium haben Sie mit einem Diplom erfolgreich abgeschlossen. Weil die Mieten in Hamburg schwindelerregend hoch sind, gründeten Sie eine WG mit zwei Freunden. Ein Auto besitzen Sie nicht, fahren dafür aber viel Fahrrad. Ihre Vorliebe für den FC St.Pauli führt dazu, dass Sie regelmäßig die Heimspiele am Millerntor verfolgen. Alkohol trinken Sie nicht, dafür rauchen Sie regelmäßig Haschisch. Bei amazon bestellen Sie hin und wieder Actionfilme und Sie beherrschen die englische Sprache. Ihre beiden Schwestern sind beruflich erfolgreich und haben entzückende Kinder. Sie gelten bei

Ihren Mitmenschen als höflich, zurückhaltend und fleißig.

Klingt doch wie ein ganz normaler, junger Mann aus der Hansestadt, nicht wahr? Das sind allerdings alles Eigenschaften, Hobbys und familiäre Hintergründe von Mohammed Atta, einem der Terroristen des 11. September. Ein Computerprogramm, welches ausschließlich Algorithmen verwendet und nach entsprechenden Korrelationen in Datensätzen sucht, würde Jens R. nun als potentiellen Terroristen herausfiltern. Nur aufgrund willkürlich programmierter Übereinstimmungskriterien. Das ist zugegeben ein sehr vereinfachtes Beispiel, aber es zeigt deutlich, wie Menschen unter einen Generalverdacht gestellt werden, ohne dass sie sich jemals etwas zu Schulden kommen lassen haben. Als einen solchen Terrorverdächtigen würde man Jens R. nun gezielt ausspähen. Die Unschuldsvermutung wird ad absurdum geführt.

Um den Leuten vom NSA ein Schnippchen zu schlagen, musste man sich demnach einfach völlig atypisch verhalten und damit die Spionageprogramme verwirren. Das funktionierte in etwa so:

Die Kinderlosen bestellten im Versandhandel riesige Mengen an Windeln und Babybrei. Buddhisten erwarben Schreckschuss-Pistolen und Schlagerfans kauften sich die neuen Platten von Rammstein, Metallica und Scooter. Jeder legte zehn verschiedene Facebook-Profile an und hatte zwölf unterschiedliche E-Mail-Adressen. Mann war weiblich, Frau war männlich, dazu hatte jeder zahlreiche Geburtstage und mindestens 18 Geschwister. Bei Umfragen wählten alle nur noch die Tierschutzpartei und gaben außerdem an, dass sie arbeitslos seien ... und schwul ... und im Besitz einer elektrischen Heckenschere ... und eines Korans. Jeder legte sich mehrere Auslandskonten zu und verschob in der Folge willkürlich irgendwelche Kleinstbeträge von Deutschland in die Schweiz, dann nach Neuseeland und wieder zurück. Autofahrer tauschten an roten Ampeln und bei Staus ihre Nummernschilder untereinander und die Kreditkarten gleich mit. Alle Castorgegner versammelten sich hinter dem Zug und gaben ihm ordentlich Schwung. Gewerkschaften, Künstlervereinigungen und andere Organisationen setzten sich aktiv für ein Verbot der CDU ein. Mit Unterschriftenliste und allem pipapo. Vegetarier und Veganer verabredeten sich bei Facebook zu bundesweiten Spanferkelevents. In E-Mails schrieben alle nur noch unlogische Zahlenketten und verzierten diese mit einem Smiley. Das Wichtigste wurde wieder auf der Straße besprochen. Bei jeder sich bietenden Gelegenheit rief man den BND, das BKA und den MAD an und sagte Bescheid, dass man am Himmel so eine komische Erscheinung gesichtet habe. Alle User stellten bei Google die gleiche Anfrage und tippten „Google" in das Suchfeld ein. Besonders wichtig und für die Geheimdienste von größtem Interesse waren die Verbindungen ins Ausland. Deshalb bestellten alle ihre Quietscheentchen in Online-Shops aus Aserbaidschan, Pakistan, China und dem Irak. Das Zeug wurde ja ohnehin nur noch in diesen Schurkenstaaten hergestellt. Eine riesige Welle des Nonsens und der Falschinformationen überflutete das Netz. Niemand konnte mehr zwischen realen und virtuellen Fakten unterscheiden. Es gab so viele Fakeaccounts und dreiste Lügen, dass die Wahrheit nur noch eine Laune des Zufalls war. Und damit endete der Nutzwert des Internets. Das Interesse ging allmählich verloren. Die Realität war zwar nicht so schön bunt, aber wenigstens war sie … ehrlich.

Und wenn irgendwer auch nur irgendwas aus dieser Geschichte gelernt haben sollte, dann:

Wenn Sie heute auf dem Klo sitzen und reißen das letzte Blatt ab, sind Sie doch auch enttäuscht, wenn da nicht eine Internet-Adresse draufsteht und Sie zum Klopapier vertiefende Informationen anfordern können.

oder

Das Internet bietet unvorstellbar viel Mist, aber der Rest ist noch viel schlimmer!

Empört euch weiter!

Die Eskalation der Gewalt in der Urkraine, im Gaza-
streifen oder Irak wird auch in den sozialen Netzwerken (Facebook, Twitter usw.) intensiv diskutiert
und kommentiert. Dabei fällt jedoch auf, dass es eine
Vielzahl von Nutzern gibt, die eine Empörung der
Netzgemeinde über das Sterben auf den modernen
Schlachtfeldern unserer Zeit als heuchlerisches, auf-
geblasenes Gutmenschentum aburteilen. Das sind
dieselben Zeitgenossen, die jede Online-Petition und
überhaupt jede politische Initiative im Netz als überflüssig und wirkungslos bezeichnen. Schließlich gehe
mit derartigen Meldungen, Aufrufen oder Informationen keinerlei Konsequenz bzw. Aktivität einher.
Nur zu gern wird dabei das Bild des vor sich hin
grummelnden Users gezeichnet, der sich online für
eine bessere Welt einsetzt, in der Realität aber den
Hintern nicht vom Drehstuhl hochbekommt.
Aber ist das wirklich so? Gibt es eine inhaltsleere
Internet-Empörungsblase, die wahlweise mit Kon-
flikten, Skandalen und Kritiken gefüllt wird?
Ich denke, es ist ein urdeutsches Problem, dass wir
von unseren Mitmenschen immer nur das Schlechtes-
te denken. Postet jemand ein Video oder ein Foto von
sterbenden Kindern in Syrien, wird ihm spätestens
im dritten Kommentar unterstellt, dass er nur Betrof-
fenheit vorgaukelt, um seinen Ruf als Gutmensch zu

zementieren. Dann kommt garantiert noch jemand, der alle dazu auffordert mal lieber aktiv etwas zu machen (Was damit konkret gemeint ist, bleibt meist im Unklaren). Und zum Schluss meldet sich stets noch ein Verschwörungstheoretiker, der ganz genau weiß, dass dieses Video und jenes Foto nur inszeniertes Propagandamaterial der Gegenseite sind.

Das Internet und Dienste wie Facebook oder Twitter können sicherlich keine Konflikte in dieser Welt lösen. Aber der freie und ungehinderte Zugang dient dazu, die Informationslage für uns alle zu verbessern. Ich habe allergrößten Respekt vor den Leuten, die in den verschiedenen Krisengebieten der Welt filmen, fotografieren und dokumentieren, was vor Ort tatsächlich passiert. Es ist auch eine Form von Respekt gegenüber diesen Menschen, wenn wir nicht alles mit Ignoranz und Distanz betrachten. Und wenn derartige Informationen und Berichte auch nur in den sozialen Netzwerken geteilt, wenn sie möglichst vielen Nutzern zugänglich gemacht werden, dann empfinde ich dies als einen großen und wichtigen Schritt.

Die von den Kritikern geforderte Konsequenz und Aktivität kann nämlich auch darin bestehen, dass man die eigene Haltung überdenkt, einen Standpunkt formuliert und seine Stimme erhebt. Das mag für viele Leute nach Sozialromantik und Träumerei klingen, aber ich bin überzeugt davon, dass eine aufgeklärte Weltgemeinschaft eher bereit ist, gemeinsame Werte und Normen auch gemeinschaftlich zu verteidigen.

Mag sein, dass die Krise in der Ukraine nur ein Stellvertreter-Konflikt zwischen EU/USA auf der einen und Russland auf der anderen Seite ist. Ebenso wird niemand abstreiten wollen, dass beide Seiten mit massiver Gewalt ihre Interessen durchzusetzen versuchen. Vielleicht will das ukrainische Volk auch etwas völlig Anderes als die Oppositionsführer. Diese Fragen lassen sich nicht so leicht und vollständig beantworten. Fakt ist aber, dass nichts, wirklich überhaupt nichts, das willkürliche Töten von Menschen rechtfertigt. Die Weltgemeinschaft darf und sollte weder in der Ukraine noch anderswo auf der Welt dabei zusehen, wie man Männer, Frauen und Kinder einfach abschlachtet und ermordet. Wir können, dürfen und sollten uns in diesen Fällen nicht heraushalten. Lethargie, Ignoranz und der Hinweis auf eigene, lokalere Probleme sind angesichts der Lage in den Krisengebieten inakzeptabel.
Genau deshalb hoffe ich, dass sich auch weiterhin möglichst viele Menschen empören, aufregen und über die Ungerechtigkeit in dieser Welt informieren.

Denn letztlich gilt:

Das Wort muss überzeugen, nicht das Schwert!

Süßkirschenohrringe

Ganz sanft legt sie ihre faltige Hand auf meinen Unterarm. Die freundlichen blauen Augen fixieren einen Punkt, der weit außerhalb meiner Wahrnehmung zu liegen scheint. Frau Krüger spricht so leise, dass ich mich ganz nah zu ihr beugen muss, um alles zu verstehen. Manchmal fällt ihr das Formulieren schwer und dann wählt sie aus der immer diffuser werdenden Sprachwolke Ausdrücke, die heute nicht mehr im Gebrauch sind und dennoch wunderschön klingen. Begriffe wie Firlefanz oder Labsal.

Seit zwei Monaten begleite ich Frau Krüger jeden Nachmittag in den Park. Nach etwa 500 Metern, knapp hinter dem leise rostenden Rosenbogen, ist die alte Dame aus der Puste und wir setzen uns. Immer auf dieselbe Bank. Ich gebe es zu, Geduld gehört nicht unbedingt zu meinen stärksten Eigenschaften und deshalb kostet es mich stets sehr viel Selbstbeherrschung, die Langsamkeit in Frau Krügers Welt zu ertragen.

Das Glas der betagten Armbanduhr an ihrem knochigen Handgelenk ist blind und trübe geworden. Die Zeit spielt als physikalische Größe schon lange keine Rolle mehr. Frau Krüger teilt ihre Erinnerungen in Momente, Empfindungen und Beobachtungen ein. Und so gibt es ein Leben vor und eines nach dem großen Hunger, der nackten Angst, der grausamen Flucht. Es gibt die Jahre der Kornblumenhaarkränze, der Süßkirschenohrringe und der tauben Schlittschuhfüße. Da sind der Geruch von Pflaumenkuchen mit dicken Butterstreuseln und der Geschmack von knackigem Zwieback, der in warme Milch getaucht wird. Frau Krüger erzählt mir von kratzenden Strumpfhosen und den lauten, spitzen Schreien der Frauen, wenn die Männer sie bei den Tanzabenden an den Hüften hochhoben und durch die Luft wirbelten. Und von den langen, dunklen Winterabenden, an denen die ganze Familie vor dem Kamin saß, mit heißem Tee und glühenden Wangen. Manchmal sind es nur Schlaglichter, Details, kleine Episoden, die sie aus dem Gedächtnis hervorkramt. Wie die silberne Spange mit dem kleinen Kratzer, die das lange schwarze Haar ihrer Schwester vergeblich zu bändigen versuchte. Oder der verführerische Duft des Lavendels, der in der hintersten Ecke ihres kleinen Gartens wuchs.

Über die Jahre danach, die Zeit des großen Hungers, der nackten Angst, der grausamen Flucht spricht Frau Krüger nie. Ich frage auch nicht danach. Ich frage nie etwas. Ich höre einfach nur zu. Es ist eine unausgesprochene Übereinkunft zwischen uns. Wir sitzen auf der alten, etwas windschiefen Bank unter der riesigen Kastanie und schauen auf die moderne

Glasfassade des Altenwohnheims, das sich in seiner Extravaganz über die eigene Funktion lustig zu machen scheint. Beim Bau achteten sie auf höchste Energieeffizienzwerte. Menschliche Wärme ließ sich dagegen in keiner Tabelle darstellen. Ich schaue zu Frau Krüger und frage mich, wie viele Geschichten wohl tagtäglich verloren gingen, weil niemand sie hören wollte. Und ich frage mich, warum ich meinen Opa nie darum gebeten hatte, mir etwas aus seinem Leben zu erzählen. Vermutlich möchte jede Generation ihre eigenen Geschichten schreiben. Vielleicht sind es aber gerade dieser kollektive Egoismus, diese Ignoranz gegenüber den Erfahrungen unserer Großmütter und Großväter, jenes Wegwerfen schon beschriebener Lebensläufe, die dafür sorgen, dass die Menschheit in vielen Bereichen einfach nichts dazulernt.

Frau Krüger hakt sich bei mir unter, als wir den Park wieder verlassen. Ich begleite sie in ihr Zimmer, wo sie mir die schwarz/weiß-Fotografie eines kleinen Mädchens in die Hand drückt.

„Ist das nicht unendlich traurig", fragt sie und schaut mich dann geradewegs an. „Das einzige Bild, das mir aus der Zeit vor der Flucht geblieben ist. Das kleine Mädchen darauf bin ich selbst. Was soll man denn mit einem Foto von sich selbst, frage ich Dich? Weißt Du, was das Schlimmste ist? Das Schlimmste ist, dass die Erinnerungen immer mehr verblassen. Mir ist damals nichts geblieben außer den vielen kleinen Anekdoten, den Gerüchen, den Aromen, den Farben, den Klängen und den Formen, die im Gedächtnis haften geblieben sind. Doch eines Tages wachst Du auf und die ersten winzigen Details sind nicht mehr da. Zuerst vergisst Du, wie sich das Kleid anfühlte. Dann erinnerst Du Dich nicht mehr daran, welche Farbe es hatte. Irgendwann fehlt auch der besondere Anlass, zu dem Du es getragen hast. Die weißen Flecken breiten sich aus, verstehst Du? Weiße Flecken, die bald zu riesigen Flächen werden. Flächen, so still und unberührt wie frisch gefallener Schnee. Es ist doch aber nur irgendein Kleid gewesen, versuchst Du Dich dann zu beruhigen. Aber nach dem Kleid kommen die Häuser und nach den Häusern kommen die Menschen und nach den Menschen kommt nichts mehr. Deine Erinnerung steht mit nackten Füßen im knöcheltiefen Schnee und alles was Du siehst, ist eine riesige weiße Ebene. Es gibt keinen Punkt, an dem Dein Blick hängen bleiben könnte. Es gibt absolut nichts – außer diesem elenden weißen Rauschen in Deinem Kopf. Hätte ich doch wenigstens noch Fotos von meinen Eltern oder von meiner Schwester. Oder andere Erinnerungsstücke. Gegenstände, die zu Türen werden. Türen, die zu Räumen führen. Räume, in denen meine liebsten Erinnerungen bequem auf einem dicken Teppich stehen oder in alten schweren Vitrinen hinter staubigem Glas sicher auf einen inte-

ressierten Betrachter warten. Doch es ist nichts geblieben, Junge. Nichts, außer dem Wenigen, was sich
noch in meinem Kopf befindet. Ich erinnere mich
nicht mehr daran, wie mein Vater aussah, ich höre
nur noch ein lautes, schallendes Lachen. Ich habe
kein Bild meiner Mutter mehr vor Augen, ich sehe
nur noch ihren Zopf vor mir, der aufgekratzt hin und
her schwingt, wenn sie den Teig knetet. Und dann
sind da noch Klaras Füße. Mit denen konnte meine
Schwester so schnell rennen, dass sie irgendwann
ineinander verschwammen."

Ich schaue Frau Krüger an und sage: „Und ihre
Spange. Die mit dem Kratzer. Die es nicht schaffte,
das lange schwarze Haar zu bändigen."

„Ja, und die Spange", flüstert Frau Krüger. Sie drückt
meinen Arm noch einmal intensiv und strahlt über
das ganze Gesicht. Und für einen winzigen Augenblick sehe ich das kleine, blonde Mädchen vor mir,
wie es sich barfuß und in einem hellblauen Sommer-
kleid zwei Süßkirschenohrringe ansteckt und dabei
lachend ihre riesige Zahnlücke zeigt.

Im Blaulicht-Verlag erschienen:

Dominik Bartels
Black Taxi
Roman

ISBN 978-3-941552-07-4   Preis: 9,90 €

Belfast! Martin kann es nicht fassen. Ausgerechnet
hier soll er studieren? Nordirland kennt er nur aus
den Nachrichten. Bombenanschläge, Straßenschlach-
ten, die IRA und schwer bewaffnete britische Soldaten in gepanzerten Fahrzeugen, das alles verbindet er
mit Belfast. Aber neben Gewalt, Hoffnungslosigkeit
und blindem Hass findet Martin dort auch freundliche Menschen, die trotz der widrigen Umstände an
einen friedlichen Neuanfang glauben. Und er findet
seine große Liebe. Aber die Troubles sind noch nicht
vorbei und auch Martin gerät in den immer un-
durchsichtigeren Konflikt zwischen Loyalisten und
Nationalisten. Die moralischen Werte des jungen
deutschen Studenten werden auf eine harte Probe
gestellt und die ehemals so klaren Grenzen zwischen
Gut und Böse verschwimmen zunehmend.

Ein Projekt im Belfaster Hafen könnte die ersehnte
Wende einläuten, doch der Bürgerkrieg wirft nach
wie vor lange Schatten. Kann es trotzdem gelingen?

Im Blaulicht-Verlag erschienen:

Dominik Bartels
Bruderkuss
Roman

ISBN 978-3-941552-00-5   Preis: 9,90 €

Nach mehr als zehn Jahren kehrt Paolo Wagner in
seine Geburtsstadt Bad Langensalza zurück. Es ist
auch die Rückkehr an den Ort eines schrecklichen
Verbrechens. Wenige Monate vor dem Mauerfall
wird seine damals 18-jährige Schwester Katrin an der
innerdeutschen Grenze erschossen aufgefunden.

Niemand kann sich erklären, unter welchen Um-
ständen das Mädchen in die streng bewachte Zone
gelangt war. Keiner glaubt ernsthaft daran, dass Katrin die DDR verlassen wollte. Doch das Ministerium
für Staatssicherheit brandmarkt die junge Frau als
Republikflüchtling, verhaftet den Vater wegen an-
geblicher Mitwisserschaft und setzt die gesamte Familie mit perfidesten Methoden unter einen enormen
psychischen Druck. Als die Strategie des Geheim-
dienstes schließlich aufgeht, interessiert sich zunächst niemand mehr für die offensichtlichen Unge-
reimtheiten des Todesfalls.

Paolos Suche nach der Wahrheit beginnt mit einer
mysteriösen Begegnung …